W0089764

Godela Berendes • Dr. Christine Kaniak-Urban

Legasthenie: Das neue Training

Godela Berendes • Dr. Christine Kaniak-Urban

So fördere ich mein Kind

Legasthenie: Das neue Training

Ravensburger Ratgeber im Urania Verlag

Weitere Titel zum Thema bei Urania:
Rita Schwark / Ute Laue: Legasthenie. Ein 15-Minuten-Programm für jeden Tag.
ISBN 3-332-01253-3
Gislind Binder / Prof. Dr. med Richard Michaelis: Lernstörungen. Früh erkennen, gezielt angehen, erfolgreich ausgleichen. ISBN 3-332-01309-2

Die Deutsche Bibliothek – CIP-Einheitsaufnahme
Ein Titeldatensatz für diese Publikation ist bei Der Deutschen Bibliothek erhältlich

www.dornier-verlage.de
www.urania-verlag.de

1. Auflage August 2002
© Urania Verlag, Berlin
Der Urania Verlag ist ein Unternehmen der Verlagsgruppe Dornier.

Die Autorinnen: Godela Berendes ist Grundschullehrerin und Legasthenie-Therapeutin in München. Dr. Christine Kaniak-Urban leitet eine schulpsychologische Beratungsstelle in München und schrieb für Urania bereits „Mit Spaß und Erfolg durch die Grundschule".

Die Verwertung der Texte und Bilder, auch auszugsweise, ist ohne Zustimmung des Verlags urheberrechtswidrig und strafbar. Dies gilt auch für Vervielfältigungen, Übersetzungen, Mikroverfilmungen und für die Verarbeitung mit elektronischen Systemen.

Die Ratschläge in diesem Buch sind von Herausgeber und Verlag sorgfältig erwogen und geprüft, dennoch kann eine Garantie nicht übernommen werden. Eine Haftung des Herausgebers bzw. des Verlags und seiner Beauftragten für Personen-, Sach- und Vermögensschäden ist ausgeschlossen.

Die Rechtschreibung entspricht den Regeln der neuen Rechtschreibung.

Umschlaggestaltung: Behrend & Buchholz
Titelfoto: Corbis Stock Market, George Shelley
Fotos: Godela Berendes; außer S. 13, 49 (Photodisc), S. 10, 41, 57, 69, 71 (Redaktionsbüro Stark)
Redaktion: Jeanette Stark-Städele
Satz: Thoms BuchDesign
Druck: Westermann Druck Zwickau
Printed in Germany

Gedruckt auf alterungsbeständigem Papier mit chlorfrei gebleichtem Zellstoff

ISBN 3-332-01348-3

Inhalt

Anmerkung:

Dieses Buch wude in gemeinsamer Arbeit der beiden Autorinnen konzipiert und realisiert. Die Einleitung sowie die Kapitel 1, 2, 4 wurden schwerpunktmäßig von Frau Dr. Christine Kaniak-Urban geschrieben, Kapitel 3 stammt von Frau Godela Berendes, Kapitel 5 wurde schwerpunktmäßig von Godela Berendes verfasst. Alle Fotos und Zeichnungen in Kapitel 5 stammen aus der therapeutischen Einzelarbeit und dem Förderunterricht von Godela Berendes.
Beide Autorinnen erteilen Förderunterricht und Einzeltherapie und bemühen sich dabei, den Selbstwert der Kinder zu stärken. Frau Dr. Kaniak-Urban arbeitet dabei vor allem mit Methoden der personenzentrierten Kindertherapie, Frau Berendes mit Methoden, die kreativ den subjektiven Ausdruck der Kinder fördern.

Einleitung

Zur wechselvollen Geschichte der Legasthenie

Es ist 12 Uhr, als das Telefon beim schulpsychologischen Dienst läutet – meine Telefonsprechzeit.

„Unser Maxi lernt das Lesen einfach nicht und mit dem Schreiben geht's auch schlecht!", beklagt sich Frau S. Maxi ist in der zweiten Klasse und seine Mutter lernt inzwischen jeden Nachmittag bis zu zwei Stunden mit ihm. Schließlich hat Maxis Lehrerin doch im Zeugnis „mehr häusliche Übung" angemahnt. Maxis Protest wächst und der Hausaufgabenkampf droht zu eskalieren. „Aber es nützt alles nichts!", meint seine Mutter seufzend. In Mathematik habe er keine Probleme und die Lehrerin lobe sein Interesse für Tiere und für die Natur. „Er will einfach alles wissen", fügt Frau S. hinzu und es schwingt ein wenig Stolz in ihrer Stimme. Aber in letzter Zeit wolle er gar nicht mehr gern in die Schule gehen.

Diese Schilderung ist mir seit vielen Jahren vertraut – so oder so ähnlich ergeht es vielen Kindern und ihren Eltern, wenn das Lesen- und/oder Schreibenlernen nicht klappt. Mein Auftrag ist es herauszufinden, ob dem Jungen durch eine Einzeltherapie geholfen werden kann. Dazu müssen seine diagnostischen Werte die Kriterien für eine Legasthenietherapie erfüllen; dann kann ich ein Gutachten für das Jugendamt schreiben. Ist eine Einzeltherapie nicht angezeigt, biete ich Hilfen für die Lehrerin, aber vor allem für das Kind und seine Eltern an.

Ich bitte Frau S. noch um die Erlaubnis, mit der Lehrerin sprechen zu dürfen, und beende das Telefonat.

Als das Telefon wieder klingelt, trägt mir ein Vater ein Anliegen vor, das ich in dieser Art noch nicht allzu lange kenne, aber das inzwischen in Bayern zum schulpsychologischen Alltag gehört.

Herr M. möchte rasch eine Bestätigung, dass sein Sohn Legastheniker ist, damit seine Rechtschreibung bei der Notengebung nicht mehr wie bisher gewichtet wird. Marcel besuche das vierte Schuljahr, er gehe seit zwei Jahren in den Förderunterricht, allerdings „ohne jeden Erfolg"; jetzt werde er eine Einzeltherapie erhalten. Es gäbe Gutachten von verschiedenen Stellen und auch von einer Kinder- und Jugendpsychiaterin. „Es muss aber schnell gehen!", drängt der Vater, und ich spüre hinter seinem forschen Auftreten auch seine Not, denn „der Termin für das Übertrittszeugnis ist schon in zwei Wochen".

Der so genannte „Nachteilsausgleich" wird in Bayern seit November 1999 in Zusammenarbeit von Kinder- und Jugendpsychiatern mit den Schulpsychologen bestimmten Kindern mit Problemen beim Erlernen des Lesens und/oder Rechtschreibens gewährt. Er öffnet eine neue Tür für diese Kinder und markiert einen Wendepunkt in der wechselvollen Geschichte der Legasthenie. Ein kurzer Rückblick auf diese Geschichte ermöglicht eine Beurteilung der neuen Situation.

Lange Zeit stand man Kindern mit Legasthenie eher hilflos gegenüber.

Viele Jahre lang hatten sich die Behörden von den Kindern verabschiedet, die sich oft vergeblich mühten, das Lesen und Schreiben angemessen zu erlernen. Zwar bezahlten die Jugendämter über das Kinder- und Jugendhilfegesetz die Kosten für Einzeltherapien, doch im Schulsystem führten diese Kinder ein Schattendasein. Förderkurse mit über zehn Kindern waren keine Seltenheit, geleitet von Lehrern ohne Zusatzqualifikationen, die versuchten, mit ihrem allgemeinen didaktischen Know-how die Situation zu meistern. Schuld an dieser Situation war die Tatsache, dass es kein eindeutiges Forschungskonzept gab, und die verschiedenen Schulen der Psychologie ebenso wie die Vertreter der Kinder- und Jugendpsychiatrie eher verwirrende Befunde veröffentlichten. Bücher mit Titeln wie „Legasthenieforschung am Ende?" oder „Der Unfug mit der Legasthenie" setzten Mitte der 70er-Jahre der damals sehr lebhaft begonnenen Diskussion ein Ende. Nur der Bundesverband Legasthenie kämpfte 20 Jahre lang vergeblich um Gehör bei den Kultusbehörden und Pädagogen, die vom Elend dieser oft sehr intelligenten Kinder oder gar von einer organisch bedingten Schwäche nichts wissen wollten.

Die Wende in der Legasthenie-Diskussion
Jetzt aber beginnt sich das Blatt zu wenden. Nachdem bereits 1998 die Schulen in Baden-Württemberg zur Frühförderung lese-recht-

schreibschwacher Kinder verpflichtet wurden, regelte Bayern durch die Bekanntmachung des Kultusministeriums vom 16. November 1999 detailliert den Umgang mit Kindern, die Schwierigkeiten beim Erlernen des Lesens und/oder Rechtschreibens zeigen. Lese-rechtschreibschwache Kinder wurden in der Schule wieder sichtbar. Was hat zu diesem Wandel beigetragen?

Neue computertomographische Verfahren erlauben es heute, die Stoffwechselaktivitäten bei geistigen Tätigkeiten zu erkennen. Der Blick ins aktive Gehirn macht es möglich, sich ein Bild davon zu machen, welche Hirnbereiche beim Lesen und Schreiben beteiligt sind, und ermöglicht es außerdem, Funktionsabweichungen von legasthenischen Menschen sichtbar zu machen.

Heute weiß man, dass einer Legasthenie hirnorganische Funktionsabweichungen zugrunde liegen.

Aber auch die Psychologie, allen voran die Kognitionspsychologie, hat den Prozess beim Erwerb von Lese- und Rechtschreibfertigkeiten erforscht, und aus klinischen und systemischen Ansätzen dieser Disziplin stammen differenzierte Ergebnisse über die Entwicklung von Lernstörungen, welche geeignet sind, die Defizite zu verstärken. Die Befunde sind überzeugend.

Hinzu kommen drei Faktoren, die vermutlich mitgeholfen haben, dass nicht gezögert wurde, die neuen Erkenntnisse politisch umzusetzen.

Zum einen ist die Wiedervereinigung Deutschlands zu nennen. Bei der Untersuchung der Schullandschaft in den neuen Bundesländern stand man vor einem erstaunlichen Phänomen: Kinder aus diesem Teil Deutschlands hatten weniger Probleme beim Lesen und Schreiben als ihre westdeutschen Klassenkameraden, weil es ausgezeichnetes diagnostisches Material und ebensolches für das Training gab. Außerdem wurde mit der Förderung sprachlicher Defizite schon im Kindergarten begonnen.

Zum anderen ist der wachsende Kostendruck zu nennen, der durch die mehrheitlich von Diplompsychologen durchgeführten Legasthenietherapien auf den Jugendämtern lastet, und von dem diese sich befreien wollen.

Zu den vermehrten Mitteln, die für die Förderung von lese-rechtschreibschwachen Kindern bereitgestellt werden müssen, trägt vermutlich auch die Tatsache bei, dass Sprachstörungen bei Kindern

im Vorschulalter rapide zunehmen. Bereits Mitte der 90er-Jahre veröffentlichte Thomas Hartge einen Artikel, dem er den Titel „Sprachalarm im Kindergarten" gab. (1) Aufgewachsen in einer Medienlandschaft, fehlt es den Kindern an Sprechpraxis. Auf dem Boden solcher Sprachentwicklungsstörungen entstehen in der Schule verschiedene Lernstörungen, zu denen vornehmlich auch die Legasthenie gehört. Aus den genannten Tatsachen erwächst heute die dringende Forderung an die Schulen, die Förderung legasthenischer Kinder zu übernehmen, die Rahmenbedingungen zu schaffen und die Lehrer entsprechend auszubilden.

Dieser Wunsch aber stellt die Schule vor eine große Aufgabe, denn der bisherige Förderunterricht war wenig erfolgreich. Selbst dort, wo man Lehrer in Schnellkursen für diesen Förderunterricht ausbildete, orientierte man sich vornehmlich an den Fehlerarten und bot eine Art Training an, das dann im Gießkannenprinzip auf alle Kinder der Fördergruppe ausgegossen wurde, oder man hoffte mit Rhythmisierung des Unterrichts und innerer Differenzierung das Kind zu erreichen. Bei allem gut gemeintem pädagogisch-didaktischen Einsatz gleiten solche Maßnahmen aber an lese-rechtschreibschwachen Kindern ab. Ähnlich wird bei Trainingsvorschlägen für Eltern gehandelt, bei denen vor allem die intensivere Übung im Vordergrund steht.

Die ständigen Misserfolge beim Lesen und Schreiben führen beim Kind zu seelischen Verletzungen.

Denn Kinder mit einer umschriebenen Lese-Rechtschreibstörung haben nicht nur ein vermutlich körperlich bedingtes Defizit, das mit kaltem diagnostischem Blick festgestellt werden kann, sondern sie sind von den pausenlosen Misserfolgen und der Verwirrung in der Einschätzung ihrer Fähigkeiten meist in eine schwere seelische Krise geraten. Die Jugendämter sprechen auch von einer seelischen Behinderung, die nach dem Kinder- und Jugendhilfegesetz die Therapiebedürftigkeit dieser Kinder untermauert und Hilfe ermöglicht. Zwar kennen auch Psychologen keinen einheitlichen Therapieansatz, jedoch widmen sie einen großen Teil ihrer Therapiestunde nicht dem Rechtschreibtraining, sondern der Heilung der psychischen Verletzungen. Darüber wird noch ausführlich zu sprechen sein.

Was können Eltern tun?

Wie aber können Eltern am Nachmittag, in der Freizeit, ihre Kinder unterstützend auffangen? Wie sollen Lehrer ein solches therapeutisches Vorwissen in ihr pädagogisch-didaktisches Setting einbringen?

Der in diesem Buch vorgestellte Ansatz zielt sowohl auf eine Veränderung der Emotionen und Verhaltensauffälligkeiten der Kinder, die durch die genannten Schwierigkeiten ausgelöst werden, wie auch auf eine Überwindung oder Abschwächung der Lese-Rechtschreibschwierigkeiten. Grundregel dieses Ansatzes ist, sich mit den Ressourcen des Kindes zu verbünden, die bei lese-rechtschreibschwachen Kindern häufig in ihrem kreativen Potenzial liegen, und dadurch einen Wiederaufbau des Selbstwertgefühls ebenso wie eine Stär-

Wer die Stärken des Kindes fördert, baut Selbstwertgefühl auf und verbessert dadurch auch die Lese- und Schreibfertigkeiten.

kung der Ich-Organisation zu erreichen. Ein solches Vorgehen benötigt kein Vorwissen in klinischer Psychologie und keine Kenntnisse in einer der psychotherapeutischen Schulen; ein ressourcenorientiertes Vorgehen hat in jedem pädagogischen Konzept seinen Platz und kann von jedem Vater und jeder Mutter, aber auch von jedem Lehrer und jeder Lehrerin geleistet werden, wenn er oder sie darin ausgebildet wird und die nötigen Rahmenbedingungen zur Verfügung gestellt bekommt. Ein solches Konzept wollen wir Ihnen im Folgenden vorstellen.

Probleme bei der Informationsverarbeitung

In diesem Kapitel erfahren Sie das Wichtigste über den aktuellen Forschungsstand der Kinder- und Jugendpsychiatrie zur Entstehung von Legasthenie. Sie werden Abläufe im Gehirn mit ihren verschiedenen Funktionen und Teilleistungen kennen lernen. So werden Sie sich leichter in die Schwierigkeiten einfühlen können, mit welchen das Kind täglich kämpft.

Vom diagnostischen Blick der Neuropsychologie

Nur wer die neuropsychologischen Hintergründe der Legasthenie kennt, kann die Probleme des Kindes verstehen.

Erinnern wir uns noch einmal an Maxi, den aufgeweckten Zweitklässler, dessen Schul-Lust allmählich in einen Schul-Frust überzugehen droht, und für den Schule kein guter Ort mehr ist (siehe S. 7). Nachdem ich ein ausführliches Gespräch mit den Eltern geführt habe, um ein wenig von Maxis Sozialisationsgeschichte zu erfahren, und nachdem Maxi mehrere Stunden an der Beratungsstelle untersucht wurde, fasse ich die diagnostischen Daten für die Eltern zusammen und schildere ihnen Maxis Not.

Auch bei Maxis Eltern tauchen alsbald die Fragen auf, die so viele Angehörige von Kindern mit einer Lese-Rechtschreibschwäche bewegen: Woher kommt diese Schwierigkeit? Warum kann Maxi eine Fertigkeit nur unter großen Mühen erwerben, die sich seine Klassenkameraden ohne intensive häusliche Unterstützung aneignen, obwohl Maxi doch überdurchschnittlich intelligent ist im Vergleich mit den Altersgenossen.

Ein wenig diagnostisches Hintergrundwissen ist hilfreich für Eltern und Lehrer, um sich im Dschungel der unterschiedlichen Erklärungsversuche zurechtzufinden.

Aus den mannigfachen Bemühungen, diese Beeinträchtigung beim Erwerb der Schriftsprache zu erklären, Bemühungen, die bereits im 19. Jahrhundert einsetzten, ist heute der neuropsychologische Ansatz als Sieger hervorgegangen. Dieses Konzept, das zuerst von den Ärzten der Kinder- und Jugendpsychiatrie vertreten wurde, hat inzwischen die überzeugendsten Befunde vorzuweisen.

> Die Neuropsychologie erforscht die Zusammenhänge zwischen dem Verhalten oder Tun, also z. B. Lesen und Schreiben, und der Tätigkeit des Gehirns.

Betrachten wir die Legasthenie nun durch diese wissenschaftliche Brille:

Als Herr M. rechtzeitig zum Übertrittszeugnis mit seiner Frau und dem zehnjährigen Marcel zur Bestätigung der Legasthenie in der Beratungsstelle auftaucht, lasse ich mir zuerst von Marcel „den Mist mit dem Rechtschreiben" beschreiben. Ich vergesse auch nicht, ihn nach Aktivitäten zu fragen, die er gut kann und gern macht, damit wir nicht alle in einer Jammerdepression versinken und Hoffnung keimen kann. „Seit Jahren ist es mit dem Rechtschreiben, als ob wir vor einem Aufzug stehen, irgendwelche Knöpfe drücken, aber nie wissen, ob es jetzt der richtige ist", berichtet der Vater und überreicht mir einen dicken Papierberg. Obenauf das bereits im Anmeldegespräch erwähnte Gutachten von der Kinder- und Jugendpsychiaterin. Dort ist die Rede von einer „umschriebenen Lese- und Rechtschreibstörung" und einer „multiaxialen Klassifikation" als Grundlagenraster für die Diagnostik.

Die Lese-Rechtschreibschwäche taucht hier also nicht als Legasthenie auf, sondern unter dem diagnostischen Begriff der „*umschriebenen Lese-Rechtschreibstörung*", die auch isolierte Lese- und Rechtschreibstörung genannt wird. Der Begriff der Legasthenie, von dem Heidelberger Arzt Paul Ranschburg bereits am Beginn dieses Jahrhunderts eingeführt, ist durch die umstrittene Diskussion inzwischen sehr belastet. Dennoch soll er hier verwendet werden, wie allgemein üblich, und zwar synonym für die umschriebene Lese-Rechtschreibstörung.

Der Begriff „umschriebene Lese-Rechtschreibstörung" steht synonym für „Legasthenie".

Kinder mit den genannten Schwierigkeiten haben in diesem Ansatz ihre Fähigkeit zu lesen und zu schreiben nicht durch ein traumatisches Ereignis verloren, sondern sie leiden an Defiziten bestimmter psychischer Funktionen in ihrer Entwicklung. Im international anerkannten Klassifikationsschema des ICD-10 der kinder- und jugendpsychiatrischen Störungen, das auch die Kinder- und Jugendpsychiaterin in Marcels Gutachten für ihre Diagnose heranzieht, wird die Legasthenie deshalb unter den „*umschriebenen Entwicklungsstörungen schulischer Fertigkeiten*" klassifiziert. Diese Begriffe tauchen in Gutachten über Schulkinder immer wieder auf. Als Lehrer oder Lehrerin ebenso wie als Vater oder Mutter wächst meine Kompetenz, wenn ich die Inhalte eines solchen Gutachtens angemessen lesen kann.

Die Bedeutung der Teilleistungen

Beim Lesen und Schreiben müssen viele verschiedene Fähigkeiten reibungslos ineinander greifen.

Um zu veranschaulichen, worauf eine solche Entwicklungsstörung basiert, machen wir uns das Phänomen bereits an dieser Stelle schon einmal an einem Beispiel bewusst. Das Erlernen des Lesens und Schreibens ist ein hoch komplizierter Prozess, an dem viele psychische Funktionen, so genannte Teilleistungen, beteiligt sind und zusammenwirken müssen, damit er funktioniert. Lassen Sie mich einige dieser Funktionen beim schlichten Abschreiben von der Tafel benennen, wobei die Liste der Teilleistungen keinesfalls vollständig ist:

Nehmen wir Anna, drittes Schuljahr, die einen Text in ihr Heft eintragen soll, der die Unterrichtsergebnisse einer Heimat- und Sachkundestunde zusammenfasst. Welche Teilleistungen muss Anna erbringen, damit die Aufgabe zur Zufriedenheit ihres Lehrers oder ihrer Lehrerin gelingt?

1. Zuerst einmal muss Anna den Beginn des Textes an der Tafel finden. Dazu muss ihre Links-Rechts-Orientierung entwickelt sein; sie muss sicher in der Kulturrichtung sein. Sie muss sich im Raum orientieren können und die Zeichen im Raum richtig in Beziehung zu ihrem Körper setzen können: z. B. oben und unten, hinten und vorn usw., denn Anna muss links oben mit dem Abschreiben des Textes beginnen. Dazu muss sie das Raumschema auch noch in die Vertikale projizieren können, denn die Tafel steht nun einmal senkrecht. Dasselbe gilt umgekehrt für ihr Heftblatt, das waagrecht auf ihrem Tisch liegt.

Kann Anna sich nun nicht oder, da sie bereits in der dritten Klasse ist, nicht rasch und sicher an der Tafel orientieren, dann wird sie wertvolle Zeit verlieren. Vielleicht muss Anna viele Texte zu Hause fertig schreiben, weil sie mit dem Tempo ihrer Klassenkameraden nicht mithalten kann. Ihr Blick gleitet zuerst verwirrt über die Zeilen, sie findet nur mit Mühe den Eingang in das Labyrinth.

2. Hat Anna endlich den Textanfang gefunden, dann muss sie wichtige Zeichen in den Vordergrund heben und andere in den Hintergrund treten lassen, damit sie nicht im Zeichensalat ertrinkt. Fachleute sprechen hier von Figur-Hintergrund-Differenzierung (siehe S. 28, 32).

16

Gelingt Anna diese Differenzierung nicht ausreichend, wird sie die Schreibzeichen sehr diffus wahrnehmen, was zu vielen Fehlern führt, aber zunächst einmal auch den nächsten Arbeitsschritt sehr belastet.

3. Denn Anna muss nun die optisch wahrgenommenen Zeichen in ihrem Arbeitsspeicher festhalten, während sie die Bewegungsmuster aus dem Langzeitgedächtnis abruft. Sie muss dazu den Suchprozess an der Tafel hemmen, weil ihre Augen nun die Hand beim Schreiben steuern.

Kann Anna die Zeichen in ihrem Kurzzeitgedächtnis nicht genügend lang festhalten, hat sie also eine so genannte Speicherschwäche, dann muss sie den Suchvorgang nach den Bewegungsmustern immer wieder unterbrechen und die Orientierung an der Tafel erneut beginnen.

Gelingt aber das Zusammenspiel von Auge und Hand, die Auge-Hand-Koordination, beim Schreiben nicht, hat Anna gar noch Probleme beim Richtungswechsel der Schreibzeichen oder beim Überschreiten ihrer Körper-Mittellinie, wird die Schrift krakelig. Koordinationsübungen (siehe S. 91, 94) setzen genau an diesem Problem an.

Kommt noch die Schwierigkeit hinzu, eine Tätigkeit zu hemmen, um eine neue anzufangen, gerät Anna bei diesem ständigen Wechsel völlig in Verwirrung.

Bestehen auch nur in einem Teilbereich minimale Schwierigkeiten, gerät der gesamte Lese- und Schreibprozess in Gefahr.

Bei den meisten Kindern sind alle diese Vorgänge im dritten Schuljahr weit gehend automatisiert. Wenn aber einzelne Funktionen nur minimale Defizite aufweisen, also nicht altersgemäß entwickelt sind, spricht man von einer Teilleistungsstörung, zu der auch die Legasthenie gehört.

Der Begriff „Legasthenie" wurde von dem Tübinger Neuropsychologen Johannes Graichen schon vor mehreren Jahrzehnten in die Diskussion eingeführt. (2) Graichen macht darauf aufmerksam, dass mit einer Teilleistungsstörung kein pädagogisch-didaktischer Inhalt gemeint ist, z. B. ein Kind zwar lesen und schreiben, aber nicht rechnen kann, sondern dass eine komplexe psychische Funktion, wie z. B. das Lesen und Schreiben, sich in unterschiedliche Teilfunktionen auflösen lässt, die alle effektiv zusammenwirken müssen, damit das Verhalten gelingt.

Ein zweiter Begriff ist im Gutachten von Marcel angegeben, nämlich das multiaxiale Klassifikationsschema. Es besagt, dass auf definierten Achsen, von denen eine die neurologische Entwicklung ist, eine andere aber auch die psycho-emotionale Befindlichkeit des Kindes, diagnostiziert wird und bestimmte Befunde vorliegen. Dieses Klassifikationsschema dient vor allem den Fachleuten zur Hypothesenbildung und als Leitfaden ihrer Diagnostik.

Die genetische Komponente

Die Legasthenie tritt oft familiär gehäuft auf.

Nun ergeben sich in Elterngesprächen legasthenischer Kinder eine Reihe von überraschenden Erkenntnissen, aber auch Fragen. Außerdem nähern wir uns in diesem Teil des Beratungsgesprächs erneut den Ursachen. Bei der Suche nach Personen in der Familie, die trotz ähnlicher Schwierigkeiten in der Schule inzwischen gut im Leben und im Beruf verankert sind und auf diese Weise Zuversicht wecken können, stoßen wir oft auf Verwandte mit denselben Symptomen. Die Legasthenie hat eine stark genetische Komponente, wobei die wichtigsten Befunde aus der Zwillingsforschung stammen. In manchen Familien kommen in Abständen mehrere Geschwister zur Diagnostik an die Beratungsstelle.

Jungen sind weit häufiger betroffen als Mädchen.

Und noch ein weiteres interessantes Ergebnis zeigt die Forschung: Die Legasthenie trifft weitaus mehr Jungen als Mädchen, dasselbe gilt auch für die Probleme mit der Konzentration, das so genannte ADS oder Aufmerksamkeitsdefizitsyndrom. Wenn man lange in der schulpsychologischen Beratung arbeitet, wird die Geschichte vom „starken Geschlecht" alsbald in ihr Gegenteil verkehrt. Jungen sind, was ihre neurologische Ausstattung betrifft, offensichtlich verwundbarer als Mädchen.

Der Zusammenhang mit der Intelligenz

Wenn Kinder in Bayern den „Nachteilsausgleich" erhalten, muss die Lese- Rechtschreibstörung auch im Zeugnis vermerkt werden. Die bange Frage der Eltern lautet dann: Heißt das nicht, dass die Anna dumm ist?

Hier gilt es neben dem Beispiel sehr berühmter Menschen wie Pestalozzi oder Einstein auch zu erläutern, dass ein Kind mit einer vom Fachmann diagnostizierten Lese- und Rechtschreibstörung immer mindestens durchschnittlich intelligent sein muss und sogar eine statistisch definierte Diskrepanz zwischen der Intelligenz und der Lese- und/oder Rechtschreibleistung vorausgesetzt wird. Nur wenn die kognitiven Fähigkeiten die Rechtschreib- und/oder Leseleistung signifikant übertreffen, wird eine umschriebene Lese-Rechtschreibstörung diagnostiziert. Umgekehrt könnte man sagen, dass die Bemerkung im Zeugnis eher ein Gütesiegel für Intelligenz ist. Als Ursache für das Schulversagen entfällt damit die Lernbehinderung, aber auch ein unzureichender Unterricht wird ausgeschlossen.

Wichtig ist, dass betroffene Kinder, freigesprochen von Charaktermängeln, ins Blickfeld der Verantwortlichen rücken, das sind die Schule und die Eltern.

Für die meisten Eltern bedeutet es eine spürbare Erleichterung, wenn sie hören, dass ein körperlich verankertes Defizit schuld ist an der Misere und nicht sie selbst grundlegend in ihrem Erziehungsbemühen versagt haben. Den Kindern lässt sich ihr Problem gut bildlich veranschaulichen, z. B. indem man ihnen erzählt, dass sie mit einem „Gipsbein" zum Abfahrtslauf Schule angetreten sind, dass man aber auch mit diesem Handicap ans Ziel gelangt, wenn man sich nur neue Hilfen einfallen lässt. Von den Kindern selbst kommen dann Vorschläge wie: ein Abfahrtsschlitten, ein umgebautes Snowboard, ein Hubschrauber usw.

Ein solches Gespräch beende ich mit einer Hoffnungs-Suggestion: „Und bei Onkel Peter siehst du, dass du dein Ziel erreichen kannst und es später auch zu etwas bringen wirst. Und es kann auch ganz spannend sein, sich neue ‚Gefährte' zu bauen."

Fassen wir noch einmal die Merkmale einer umschriebenen Lese-Rechtschreibstörung zusammen:

- Legasthenie beginnt im Kleinkindalter oder in der Kindheit.
- Als Ursachen gelten Defizite in der biologischen Reifung des zentralen Nervensystems, sodass bestimmte Funktionen nicht ausreichend heranreifen.
- Die Leistung des Rechtschreibens und/oder Lesens muss im unterdurchschnittlichen Bereich liegen, die kognitiven Fähigkeiten, d. h. das Intelligenzpotenzial, müssen mindes-

tens durchschnittlich sein. Es muss ein statistisch definierter Abstand zwischen Intelligenz und Lese-Rechtschreibleistung bestehen.
• Es sind mehr Jungen als Mädchen betroffen.

Wie sich die Wahrnehmung entwickelt

Behalten wir die Brille der Neuropsychologie fest auf der Nase, dann sind alle Verhaltensweisen unserer Schulkinder, also auch ihr Lernen im Unterricht, nichts anderes als die sichtbare Tätigkeit von unsichtbaren Aktivitäten ihres Nervensystems. Ob Michael zum fünften Mal „ziehen" anders schreibt, ob Martina statt 43 nur 34 abzieht, weil sie die Zahl falsch codiert hat, ob Simone ihre letzten Worte stets an den äußersten Blattrand quetscht – das Verhalten der Kinder ist unter diesem Blickwinkel Ausdruck der Qualität ihrer Wahrnehmungsorganisation. Was hier zunächst im Dunkeln bleibt, sind die emotionalen Auswirkungen einer gut oder defizitär funktionierenden Wahrnehmungsverarbeitung, die dann fördernd oder hindernd in das Geschehen eingreifen. Aber darüber werden wir später noch sprechen (siehe S. 57 ff.).

Die Kommandobrücke von Lernen und Verhalten

Lernen setzt eine reibungslos verlaufende Wahrnehmungsverarbeitung voraus.

Unter Wahrnehmung verstehen wir die Art und Weise, in der es einem Kind gelingt, Informationen aus der Umwelt aufzunehmen, zu verarbeiten und darauf zu reagieren. Wie ein Schulkind z. B. die Anweisung seiner Lehrerin mittels seines Hörsinns aufnimmt, in seinen neuronalen Strukturen ordnet, mit anderen Sinnesreizen verknüpft, welche Bedeutung es schließlich dem Gehörten zuweist, bestimmt seine Lernreaktionen und letztlich auch seinen Lernerfolg. Ein Lernerfolg kann an vielen Stellen des Verarbeitungsprozesses scheitern.

Clemens, ein Erstklässler, wird im Mai in der Beratungsstelle angemeldet, weil seine Lehrerin den Eltern gegenüber die Vermutung ausgesprochen hat, dass er Hörprobleme haben könnte. Eine Untersuchung

beim Arzt schließt diese Ursache aus. Danach sind Eltern und Lehre-
rin ratlos.

Welche Verhaltensweisen von Clemens führten die Lehrerin zu ih-
rer Vermutung? Bei Clemens kann sich die Lehrerin nie darauf ver-
lassen, dass er ihre Anweisungen auch im gemeinten Sinn aufgenom-
men hat. Ständig versucht er sich am Tun seiner Nachbarn zu orien-
tieren: Er beugt sich über das Heft von Hubert, seinem Nebensitzer, er
dreht sich nach Claudia um, die hinter ihm sitzt, um sie zu befragen.
Pausenlos zu Rate gezogen, beginnen die Kinder inzwischen lautstark
zu protestieren. So ist Clemens zum ständigen Unruheherd des Unter-
richts geworden.

Während die Lehrerin mir eindringlich Clemens' Verhalten schildert, stelle ich eine Reihe von Hypothesen auf. Clemens' Ratlosigkeit kann unter dem Aspekt der Wahrnehmungsverarbeitung mehrere Ursachen haben. Vielleicht kann Clemens aufgrund sprachlicher Defizite keine „Wörterspuren" in seinem Langzeitgedächtnis finden, mit denen er das Gehörte vergleichen könnte, um dadurch die Bedeutung der Anweisung zu erschließen. Vielleicht kann er die ersten Worte nicht in seinem Arbeitsspeicher festhalten und mit den folgenden zu einem sinnvollen Satz verknüpfen; vielleicht kann er aber auch die Stimme seiner Lehrerin im Geräuschpegel der Klasse nicht ausreichend isolieren.

Nicht selten fühlt sich der Lehrer durch das Verhalten des Schülers provoziert.

Und so gibt es noch mehrere Stellen im Verarbeitungsprozess, an denen die Aktivitäten von Clemens' Nervensystem einen vielleicht minimalen Defekt haben und ihm die Anpassungsleistung „Handeln nach dem Auftrag der Lehrerin" verwehren. Rat schaffen kann nur eine ausführliche schulpsychologische oder kinder- und jugendpsychiatrische Diagnostik, einschließlich einer Untersuchung an der pädo-audiologischen Beratungsstelle.

> Zusammenfassend können wir sagen:
> Die wichtigste Aufgabe des Gehirns ist die angemessene Aufnahme von Signalen aus der Lebenswelt, die Übersetzung des sensorischen Inputs, den wir über die Sinneskanäle aufnehmen, in bedeutungsvolle Informationen und schließlich die

Organisation einer angemessenen Reaktion. An der Interpretation des Verstehens dieser Information ist selbstverständlich auch die Kognition beteiligt.

Noch ein Beispiel zu diesen drei wichtigsten Säulen unserer Wahrnehmungsverarbeitung:

„Ich hab's einfach vergessen" – das hört man oft von Kindern mit Problemen bei der Wahrnehmungsverarbeitung.

In einem Seminar, das ich für Lehrer an Grundschulen halte, berichtet ein Lehrer von einem Kind, dessen Verhalten er sich nicht erklären kann. Sebastian, neun Jahre, sei während der Schulstunden äußerst unruhig und beschäftige sich häufig mit Aktivitäten, die nicht zum Unterricht gehören. „Ich bin einfach genervt!", meint der Kollege abschließend. Gefragt, wie er selbst als Lehrer auf Sebastians Verhalten reagiere, berichtet er, dass er zuerst einmal auf Sebastian zugehe, ihn ernst anschaue und hoffe, dass der Junge auf dieses Signal reagiert. Aber Sebastian scheine sein Signal überhaupt nicht wahrzunehmen. Er blicke ihn freundlich neugierig an. „Mein Ärger juckt den überhaupt nicht!"

In unserem Modell sehen die oben beschriebenen Stationen folgendermaßen aus:

Sensorischer Input → Übersetzung in → Angemessene
                       bedeutungsvolle   Reaktion
                       Information

Strenger Blick des Lehrers *Ich mache etwas nicht richtig!* *Pokémon-Alben verschwinden lassen*

Manche Menschen können Eindrücke aus der Umwelt, wie z. B. auch Mimik, nicht richtig interpretieren und reagieren unangemessen.

der auch an mehreren Stellen des Verarbeitungsprozesses kann ein in seiner Wahrnehmung gestörtes Kind Probleme haben. Entweder nimmt es die Eindrücke aus seiner Umwelt oder aus seinem Körper nur ungenau auf, oder es kann diese nicht interpretieren, um dann situationsadäquat zu reagieren. Sebastian scheint die Mimik seines Lehrers nicht interpretieren zu können: „Er will mich ermahnen!" Ihm fehlt dadurch im sozialen Kontext eine wichtige Orientierungshilfe.

Die negativen Rückmeldungen über das eigene Verhalten nehmen in der Schule, vor allem auch schon beim Übergang vom Kindergarten in die Grundschule, gewaltig zu und stürzen das Kind in zunehmende Verwirrung. Das ist einer der Gründe, warum der Schuleintritt in der Entwicklungspsychologie auch als kritisches Lebensereignis gilt. Außerdem tritt ein schmerzlich empfundener Kontrollverlust über die eigenen Aktivitäten und das eigene Leben ein. Unsicherheit, Verwirrung und Hilflosigkeit sind Emotionen, die das Kind mit Defiziten in seiner Wahrnehmungsorganisation begleiten. Und obwohl wir mit unserer Argumentation hier einem medizinischen Modell folgen, gibt es keine Pille, welche schnell und problemlos Abhilfe schafft.

Wie das Zentralnervensystem arbeitet und sich entwickelt

In Stichworten heißt unser Thema: Lesen und Schreiben. So automatisiert bei uns Erwachsenen diese Tätigkeit abläuft, erfordert sie doch eine äußerst komplexe Anpassungsleistung. Es gibt im Gehirn kein isoliertes Lese- oder Schreibzentrum, ebenso wie sich kein Ort für die Mathematikleistung finden lässt. Vielmehr müssen viele der höheren Funktionsbereiche des Zentralnervensystems ZNS zusammenwirken, damit Michael „ziehen" nicht dreimal anders und zweimal gleich zu Papier bringt, um ein Beispiel aus dem vorigen Abschnitt aufzugreifen (siehe S. 20).

Die sensorische Integration – eine wichtige Arbeit des ZNS

Informationen aus unserer Umwelt treffen auf verschiedenen Kanälen ein: Das Motorrad mit meinem Papa kommt von der rechten Seite (auditiv-räumliche Wahrnehmung), ich kann meinen Kopf zur Schallquelle wenden und auch hinlaufen (kinästhetisch-motorische Wahrnehmung).

Die sensorische Integration bezeichnet das Zusammenwirken aller Sinneswahrnehmungen im Gehirn.

Setzen wir uns einen Augenblick neben Sabine ins Klassenzimmer. Sabine soll einen Text laut vorlesen, der an der Tafel steht. Ein scheinbar einfacher Auftrag für eine Zehnjährige! Dazu muss sie zunächst mit ihren visuellen Wahrnehmungsfunktionen den Text abtasten, fast gleichzeitig aber muss sie die Bedeutung erkannt haben und ihre Mund-

motorik (kinästhetisches System) betätigen. Sie muss aber auch mit ihrem Hörsinn (auditives System) immer wieder überprüfen, ob sie nicht zu laut oder zu leise spricht, ob sie die Laute richtig formt und die Wortsilben ihrer Bedeutung gemäß betont. Aber nicht nur diese auf die Aufgabe gerichtete Integration aller einströmenden Reize ist vonnöten. Während Sabine laut vorliest, laufen unbewusst und inzwischen auch automatisiert noch weitere Integrationsprozesse ab: Mit ihrem Gleichgewichtssinn (vestibuläres System) hält sie sich aufrecht auf ihrem Stuhl, wozu sie auch die Signale aus ihrem Körper, nämlich über den Zustand ihrer Muskeln und Gelenke (propriozeptives System), als Informanden heranzieht.

Die Entwicklung der sensorischen Integration vollzieht sich in vier Phasen.

Zwischen den verschiedenen sensorischen Kanälen muss ein Gleichgewicht entstehen, damit die sensorische Überkreuzleitung oder die Integration ermöglicht wird. Die Integration sensorischer Informationen entwickelt sich auf vier Ebenen. (3) Allerdings sind wie bei allen Entwicklungsvorgängen alle vier Ebenen immer beteiligt, wenn auch der Schwerpunkt der Entwicklung jeweils auf einer der Stufen liegt.

- *Das erste Entwicklungsniveau*
  Taktile Reize auf der Haut ermöglichen dem Kind zu saugen, aber auch eine Beziehung zu seiner Mutter aufzunehmen. Gleichzeitig wird die Gleichgewichtsfähigkeit entwickelt, ebenso wie der Muskeltonus; das Kind kann seine Empfindungen aus dem eigenen Körper differenzierter wahrnehmen. Auch die Augenbewegungen erfahren in dieser Zeit eine erste Fixierung.
- *Das zweite Entwicklungsniveau*
  Wenn die Integration aller dieser taktilen (Berührung), vestibulären (Gleichgewicht) propriozeptiven (Muskelanspannung) Systeme gelingt, verbessert sich die Körperwahrnehmung. Die Motorik erfährt einen gewaltigen Schub. Das Kind lernt sitzen, krabbeln und laufen, und es erobert den Raum.
- *Das dritte Entwicklungsniveau*
  Erst auf dieser Stufe werden visuelle und auditive Informationen gezielt in den Integrationsprozess einbezogen. Nun ist das Kind bereit, Sprache zu verstehen, und es kann die Beziehung zu seinen nahen Bezugspersonen intensivieren. Es lernt aber auch

24

selbst sprechen, und damit Position in der Welt zu beziehen: „Seht her, so ist das für mich!" Außerdem wird seine Feinmotorik differenzierter, weil das Kind die Koordination von Auge und Hand erlernt.

- *Das vierte Entwicklungsniveau*
Auf dieser Stufe kann das Kind Informationen, die über die verschiedensten Sinneskanäle einlaufen, aufgabengemäß verknüpfen. Es ist nun bildlich gesprochen „Herr im eigenen Haus".

Anregen und hemmen – Voraussetzung für gelingende Integration

Zum Zusammenspiel aller Verarbeitung von Sinneswahrnehmungen, der sensorischen Integration, gehört das Anregen eines Wahrnehmungsbereiches ebenso wie das Hemmen, wenn aus einer Fülle von Sinneseindrücken für die Aufgabe notwendige Informationen in den Vordergrund gehoben und andere in den Hintergrund gedrängt werden müssen. Wir haben die Bedeutung der Hemmung schon am Beispiel des Von-der-Tafel-Abschreibens (siehe S. 16 f.) kennen gelernt. Schärfen wir unser diagnostisches Auge noch mit einem einfachen Beispiel, das man im Klassenzimmer ebenso wie zu Hause beobachten kann. Kinder, die das Senden neuronaler Impulse nicht stoppen können, drücken z. B. beim Hinausgehen aus einem Zimmer mehrmals die Türklinke. Sie können die Bewegung des Klinken-Drückens nicht sofort hemmen und wiederholen sie mehrmals. Auf Rechenblättern bereitet es ihnen große Mühe, zwischen Plus- und Minusaufgaben abzuwechseln, und wenn sie in Wut geraten, können sie „das eklige Gefühl", wie Klaus es einmal nannte, einfach nicht abstellen.

Bei der Analyse des Lese-Schreibprozesses auf neuropsychologischen Hintergrund wird uns das Ausfiltern irrelevanter Sinneseindrücke vor allem in der Figur-Hintergrund-Wahrnehmung noch einmal begegnen (siehe S. 28).

Die Entwicklung des Gehirns

Will man die Wahrnehmungsverarbeitung verstehen, muss man einige Grundkenntnisse über die Entwicklung des Gehirns haben.

*In den ersten Lebens-
monaten sind Berüh-
rungen wichtigster
Entwicklungsreiz für
das Gehirn.*

Zwar sind bei der Geburt alle Nervenzellen vorhanden, aber die Verbindungen zwischen ihnen sind noch dürftig. In den ersten Lebensjahren entwickelt sich das Gehirn dann in dramatischer Weise, und zwar wachsen die Verbindungen zwischen den Nervenzellen in Abhängigkeit von den Sinnesanregungen, die ein Kind erhält.

Wie bereits bei der Entwicklung der sensorischen Integration besprochen (siehe S. 24 f.), sind es am Anfang vor allem taktile und kinästhetisch-vestibuläre Reize, die das Zentralnervensystem zum Wachsen auffordern. Am Beginn ihres Lebens wollen Kinder vor allem berührt, gestreichelt und gewiegt werden, nicht nur um die Beziehung zu ihren Eltern zu intensivieren, sondern auch zur Anregung ihrer kognitiven Fähigkeiten. Nicht umsonst gelten die Wahrnehmungsfunktionen auch als die basalen Funktionen der Kognition. Wenn Kinder vernachlässigt werden, verhindert diese sensorische Deprivation nicht nur den Aufbau eines lebensnotwendigen Urvertrauens, sondern auch die Entwicklung von Strukturen in ihrem Gehirn.

Es kommt immer darauf an, mit welchem wissenschaftlichen Konzept man seine Vergrößerungsgläser auf einen Vorgang richtet. Während man lange Zeit glaubte, dass Babys einfach in Ruhe in einem sauberen Zimmer liegen sollten, weiß man heute, dass wohldosierte sensorische Anregungen die Nahrung sowohl für ihr Gehirn wie für ihre Seele sind – eine Erkenntnis aus der Entwicklungspsychologie, die bis in die Grundschulzeit hinein Gültigkeit hat.

Die Plastizität des Gehirns als die Fähigkeit, neue Verbindungen zwischen den Nervenzellen herzustellen, nimmt allerdings mit steigendem Alter der Kinder ab. Für Eltern und alle, die mit Kindern im Grundschulalter arbeiten, ist es wichtig zu wissen, dass bei Defiziten im Lernverhalten eine Förderung so früh wie möglich einsetzen muss. Je jünger ein Kind ist, desto größer ist die Wahrscheinlichkeit, dass durch die Förderung auch sein Nervensystem „neue Verbindungen" zwischen den Nervenzellen aufbauen und sich auf diese Weise entwickeln kann.

Ausgewählte Aspekte der Wahrnehmung

Von den Wahrnehmungsbereichen, die als Basisfunktionen des Lernens gelten, sollen hier nur drei herausgegriffen werden, die für das

Erlernen des Lesens und Schreibens besonders wichtig sind: die Bewegung, die Lateralität und die visuelle Wahrnehmung. Von großer Bedeutung für unser Thema ist auch die Sprachentwicklung, wobei hier aber auf die Literatur aus der Entwicklungspsychologie verwiesen werden kann. (4)

Im Laufe der Entwicklung werden die Wahrnehmungsfunktionen zunehmend differenzierter, sodass bei Schuleintritt eine so komplexe Aufgabe wie das Lesen und Schreiben bewältigt werden kann.

Bewegung als Grundlage aller Wahrnehmung

Manuelas Mutter kommt mit dem Gutachten einer Ergotherapeutin zum Erstgespräch. Bereits in ihrer Vorschulzeit erhielt das Mädchen Ergotherapie, die im ersten Schuljahr fortgesetzt wurde. „Wir dachten, jetzt seien wir von solchen Unternehmungen endlich befreit!", stöhnt Frau R. Ich spreche ihre Enttäuschung an, und die Klientin bricht in Tränen aus. „Habe ich vielleicht als Mutter versagt?" – diese Frage steht wie so oft drohend im Raum.

Manuela ist im dritten Schuljahr und kann weder ausreichend lesen noch rechtschreiben, allerdings ist Mathematik ihr Lieblingsfach. Das logopädische Gutachten spricht von Schwierigkeiten bei der Körperkoordination, von Mitbewegungen anderer, nicht an der gewollten Bewegung beteiligter Gliedmaßen. (Erinnern wir uns an die Bedeutung der Hemmung von nicht gewünschten Impulsen des Zentralnervensystems, siehe S. 25), von Problemen bei Tätigkeiten wie dem Ausschneiden und Ausmalen und von einem ungünstigen Griff beim Malen und später auch beim Schreiben.

Eine gesunde Motorik ist Grundlage für gute Schulleistungen.

Manuelas Lerngeschichte gleicht der vieler lese-rechtschreibschwacher Kinder, denn die motorische Leistungsfähigkeit beeinflusst indirekt das gesamte Lernverhalten. Das Körperbewusstsein, die Orientierung im Raum und in der Zeit, ja sogar die Fähigkeit, Probleme zu lösen – alle diese Funktionen haben ihr Fundament in einer sicheren Entwicklung der Motorik.

Wahrnehmung und Bewegung hängen eng zusammen und werden hier nur künstlich zum Zwecke einer geordneten Darstellung getrennt. Die Folgen davon, dass der Bewegungsraum unserer Kinder immer mehr eingeschränkt wird und unsere Grundschüler ihre Tage eingeklemmt zwischen Schulbank und diversen Bildschirmen verbringen, sind bereits in jedem Klassenzimmer zu beobachten:

Als fehlende Stützfunktionen der Intelligenz wie der Konzentrations-störung (Aufmerksamkeitsdefizitsyndrom: ADS), oft verbunden mit hyperaktivem Verhalten, als Lese-Rechtschreib- oder auch als Rechenstörung treten sie dann zu Tage und erschweren das Lernen. Abhilfe kann Ergotherapie schaffen. Sie kann vom Arzt auf Rezept verordnet werden und wird von der Krankenkasse bezahlt. Alle motorischen Trainingsprogramme, die Ergotherapeuten anbieten, streben die wirkungsvolle Weiterleitung von Informationen zum Zentralnervensystem und die Entwicklung funktionstüchtiger Reaktionsmuster an. Aber zurück zur Bedeutung einer gesunden Entwicklung der Motorik.

Das Kind erobert sich seine Umwelt von klein auf zunächst durch Bewegung.

Bewegung ist die erste Form, mit der das Kind auf die Anregungen seiner Umgebung reagiert. Selbst das Lallen als erste sprachliche Äußerung käme nicht zustande ohne die Mundmotorik. Die Personen und Gegenstände in seiner Lebenswelt lernt das Kind zunächst vor allem durch Greifen begreifen. Es tastet die Bauklötze viele Male ab, klopft damit auf den Boden, es steckt den Bauklotz sogar in den Mund und bildet bei solchen Handlungen eine Struktur in seinem Gehirn für die Form „eckig". Es erkennt, dass diese Form konstant ist und von ihm wiedererkannt werden kann. Was die Formkonstanz ist – eine wichtige psychische Funktion zum Lesen- und Schreiben-Lernen –, erfährt das Kind durch Bewegung. Über Haut, Muskeln und Gelenke erhält es, z. B. beim Krabbeln, aber auch Rückmeldung über den Raum in Bezug zu seinem Körper, lange bevor es diesen Raum ausschließlich mit seinen Augen abtastet.

Die Figur-Grund-Unterscheidung

Dasselbe gilt für die für das Lesen und Schreiben wichtige Figur-Grund-Unterscheidung. Wenn das Kind z. B. seinen Kopf zur Seite dreht, hebt sich diese Bewegung vom Muskeltonus anderer Gliedmaßen ab. Das Drehen des Kopfes wird zur Figur, der übrige Körper in seiner Empfindungsqualität zum Grund.

Überkreuz-bewegungen

Durch Krabbeln übt das Kind auch die Überkreuzbewegungen, die später für das Schreiben einer lesbaren Schrift große Bedeutung erhalten. Bei jeder Girlande in der Schrift muss das Kind eine solche Bewegung ausführen können.

Bewegung ist aber auch das Vehikel, auf welchem das Kind seine ersten Erfahrungen mit der Platzierung der Objekte im Raum macht. Wie weit ist der Bär entfernt? Liegt er vor oder hinter oder gar hoch über meinem Körper auf dem Regal? Wie weit ist es vom Stuhl zum Boden? Kann ich da runterspringen? Marianne Frostig nennt deshalb den grundlegenden Baustein ihres Trainings zur Integrationsförderung „Bewegung – Wachsen – Lernen". (5) Die Übungen können problemlos zu Hause durchgeführt werden und auch in jeden Grundschulunterricht eingebaut werden.

Platzierung der Objekte im Raum

Auch die Bewegungsübungen aus der sehr kontrovers diskutierten Kinesiologie fördern die sensorische Integration über Bewegung und können im Unterricht ihren Platz finden. Wer diese Übungen mit Kindern durchgeführt hat, weiß, dass sie große Ähnlichkeit mit Angeboten aus der Psychomotorik haben. Die Reibung wichtiger Meridianpunkte wiederum ist wissenschaftlich kaum erforscht, kann aber durchaus mit positiven Suggestionen angereichert werden, die den Selbstwert stützen und die verlorene Kontrollmächtigkeit anregen.

Fragwürdig sind beim Angebot der Kinesiologen der Muskeltest und vor allem die Heilserwartung, die bei seriösen Anbietern nie zu finden ist und die jedes Förderangebot disqualifiziert. Die Kinesiologie ist ein gutes Beispiel dafür, wie zwar das Setting eines Förderansatzes abgelehnt werden kann, nicht aber das Konzept in allen seinen Inhalten. Wir werden bei der Besprechung des Konzeptes von Ron Davis noch einmal auf diesen wichtigen Punkt bei der Bewertung von Förderangeboten zurückkommen (siehe S. 50 f.).

Zur Bewegung gehört auch die Entwicklung der Reflexe, die in der Reife ihres Entwicklungsniveaus die Lernvoraussetzungen von Grundschulkindern wesentlich mitbestimmen, wie Sally Goddard eindrücklich gezeigt hat. (6) Für Ergotherapeuten kann das Aufdecken einer abweichenden Reflexstruktur ein wichtiges diagnostisches Hilfsmittel auch für die Ausarbeitung eines Förderplans sein.

Entwicklung der Reflexe

Über die Bedeutung der Lateralität

Unser Gehirn besitzt zwei Hälften, die durch einen Balken von Nervenfasern, dem Corpus callosum, verbunden sind. Die beiden Hälften werden auch Hemisphären genannt. Im Laufe der Entwicklung spezialisieren sich diese Hemisphären einerseits auf die Bewältigung

Jede Gehirnhälfte ist für bestimmte Aufgaben zuständig.

bestimmter Aufgaben, andererseits übernimmt bei Aufgaben der Geschicklichkeit eine Gehirnhälfte die Führung. Das zeigt sich vor allem im Gebrauch einer Hand bei Verrichtungen des täglichen Lebens, zu denen auch das Schreiben gehört.

Der Begriff der Lateralität, der uns in vielen Fachpublikationen begegnet, bedeutet Seitenpräferenz. Lateralität finden wir bei allen paarig angelegten Organen: den Händen und Füßen, den Augen und Ohren. Sie hat ihre Ursache innerhalb der in diesem Fall dominant entwickelten Funktionen der einen Gehirnhälfte. Und Spezialisten leisten mehr als Laien, darin liegt die Bedeutung einer gut entwickelten Hemisphärendominanz. Die Hemisphären spezialisieren sich aber auch auf die Bewältigung bestimmter Anforderungen des Lebens. Wo z. B. sprachliche Verarbeitung der eintreffenden Reize notwendig ist, etwa bei phonetischer und semantischer Decodierung beim Zuhören, ist bei den meisten Menschen die linke Gehirnhälfte aktiv. Kommt aber noch eine visuelle Informationsverarbeitung hinzu, so geschieht diese in der rechten Hemisphäre. Beim Lesen müssen deshalb beide Gehirnhälften zusammenarbeiten.

Eine strenge Trennung in linke Hemisphäre „Sprachverarbeitung und analytisches Denken" und rechte Hemisphäre „nichtsprachliche Funktionen wie Raumorientierung und ganzheitliches Bild-Denken" ist nicht möglich. Vielmehr muss die Funktionsspezialisierung des Gehirns wesentlich differenzierter gesehen werden. Jedoch steuert die linke Hemisphäre unsere rechte Körperhälfte und umgekehrt, worin der Anregungswert von Bewegungsübungen im Überkreuzmuster liegt.

Bei manchen Kindern ist erst mit acht, neun Jahren klar, ob sie Links- oder Rechtshänder sind.

Die Lateralität bildet sich im Laufe der Kindheit heraus. Zweijährige Kinder benützen noch beide Hände gleichwertig tollpatschig, während jedoch die Sprachentwicklung bei den meisten Kindern bereits lateral erfolgt. Die Seitenpräferenz festigt sich bei den meisten Kindern im Laufe der Vorschulzeit, bei der Einschulung jedoch sind viele Kinder noch labil in ihrer „Händigkeit". Ihre Rechts- oder Linkshändigkeit stabilisiert sich erst mit acht oder neun Jahren.

Eine Unsicherheit in der Wahl der „schönen Hand" ebenso wie die bereits deutliche Linkshändigkeit kann auch eine Unsicherheit im Umgang mit der Kulturrichtung nach sich ziehen, die da lautet: Schreiben und Lesen von links nach rechts. Während man früher linkshändige Kinder auf rechts umtrainierte mit oft verheerenden Folgen für ihre Wahrnehmungsorganisation, geht es heute darum, bei einer Unsicherheit durch Beobachtung und Tests Klarheit zu schaffen. Das können Ergotherapeuten, Schulpsychologen oder Kinder- und Jugendpsychiater sein. In manchen Städten gibt es auch Einrichtungen, die sich allein dieser Diagnostik sowie der Unterstützung bei Linkshändigkeit widmen. (7)

Visuelle Wahrnehmung – ein Grundpfeiler beim Erlernen der Schriftsprache

„Machen wir heute wieder „Indianertraining?", ruft mir Erkan zu, als ich ihm morgens vor dem Unterricht auf dem Gang seiner Schule begegne. Erkan geht in die zweite Klase und erhält einmal pro Woche parallel zum Deutschunterricht seine Förderstunde in einer kleinen Gruppe von vier Kindern. Erkan kommt im Lese- und Rechtschreibprozess seiner Klasse nicht nur deshalb nicht weiter, weil er zu Hause nur türkisch spricht, sondern vor allem, weil seine visuellen Wahrnehmungsfunktionen die für das Lesen und Schreiben erforderlichen Teilleistungen nicht ausreichend entwickelt haben.

Das „Indianertraining" schärft alle Sinne.

Wenn er den Buchstaben b in einem Wort finden soll, braucht Erkan lange Zeit, um die Buchstaben abzutasten, und ist schließlich immer noch unsicher. Oft zeigt er dann d oder auch g für den Buchstaben. Alle Zeichen sehen doch irgendwie ähnlich aus! Genauso ist es mit m, das er oft als w bezeichnet. Erkan kann die Lage der Buchstaben in Bezug zu seinem eigenen Körper nicht erkennen.

„Indianertraining" habe ich mein Konzept der Wahrnehmungsförderung für die Kinder genannt, in das sich Elemente der Bewegungsförderung, des Knetens und Formens, des autogenen Trainings und der konzentrativen Orientierung, aber auch der optischen Wahrnehmungsdifferenzierung kindgemäß integrieren lassen. Indianer nämlich leben in der Natur und müssen alle Sinne schärfen, um zu überleben und sich sicher zu fühlen, sie müssen bei der Spurensuche in der Natur auf kleinste Veränderungen achten.

Das Bild des Indianertrainings biete ich auch Eltern an, wenn sie sich entschließen, ein Rechtschreibtraining am Nachmittag zu Hause zu beginnen.

Die Fähigkeit zur Detailwahrnehmung entwickelt sich zwischen dem vierten und achten Lebensjahr. Sie ist unerlässlich für das Bestimmen von Buchstaben.

Beim Erlernen von Begriffen im Spracherwerb muss ein Kind Einzelheiten der Objekte ausblenden, um zum gemeinten Begriff zu kommen: Ein Auto ist ein Auto, gleichgültig ob es große oder kleine Räder hat, eine Kühlerhaube oder keine, eine Ladefläche oder einen Kofferraum usw. In umgekehrter Weise muss das Kind in der Schule plötzlich winzige Einzelheiten beim Erlernen der Schriftzeichen beachten. Ein Buchstabe ändert sich nämlich oft durch kleinste Veränderungen in seinem Symbolwert, wenn man ihn im Raum dreht. In ihrer Publikation zur Legasthenie betonen Dieter Betz und Helga Breuninger vor allem die systemischen und aufeinander einwirkenden Aspekte der Lernstörung Legasthenie. (8)

Die Fähigkeit zur Detailwahrnehmung entwickelt sich zwischen dem vierten und dem achten Lebensjahr, und bei Kindern mit Teilleistungsstörungen ist sie auch über dieses Alter hinaus noch defizitär. Kein Wunder, dass viele Kinder in den ersten Schuljahren beim Erwerb der Schriftsprache scheitern.

Wahrnehmungsstörungen lassen sich mit Hilfe verschiedener Tests erkennen, bei denen z. B. vorgegebene Muster nachgelegt werden müssen oder ein Weg zwischen zwei Zielpunkten so nachgefahren werden muss, dass der Strich nicht über den Wegrand hinausgezogen wird. Zur Erfassung der Figur-Grund-Unterscheidung muss aus verschiedenen Linien eine Figur nachgefahren werden. Darüber hinaus werden die Wahrnehmungs-Konstanz sowie das Erfassen räumlicher Beziehungen getestet. (9)

Visuelle und akustische Informationsverarbeitung – die Säulen der Legasthenieforschung

Das Erlernen der Schriftsprache ist ein äußerst komplizierter Vorgang, bei dem visuelle Zeichen mit sprachlichen verknüpft werden müssen:

- Beim Diktat oder beim Aufschreiben eigener Texte werden akustisch-sprachliche Informationen nach feststehenden Regeln oder auch eigene Gedanken in visuell-grafische Zeichen transformiert: Hörbares wird sichtbar.
- Beim Lesen dagegen findet der umgekehrte Vorgang statt. Eine Folge symbolhafter, grafischer Zeichen muss decodiert, d. h. in akustisch-sprachliche Information übersetzt werden: Sichtbares wird hörbar.

Beim Schreiben wird Hörbares sichtbar, beim Lesen Sichtbares hörbar.

Kinder, die in dieser komplizierten Fertigkeit versagen, haben in unserem Schulsystem und in unserer Gesellschaft mit erheblichen Nachteilen zu rechnen. Die Zuschreibung, sie seien einfach „dumm", ist von allen Verletzungen und Hindernissen für ihre Identitätsentwicklung noch die geringste, wie an anderem Ort zu zeigen sein wird. Während sich das Lesen auch bei legasthenischen Kindern im Laufe der Schulzeit meist bessert und nur der Widerwille vor allen Text-Entschlüsselungen sozusagen als Resthindernis sich bis ins Erwachsenenalter bemerkbar macht, ist die mangelhafte Rechtschreibleistung meist ein treuer Begleiter während der gesamten Lebensspanne. Die Kinder müssen einerseits Strategien lernen, um dennoch den Kenntniserwerb in dieser Fertigkeit nicht völlig einzustellen, und andererseits aber auch mit diesem Handicap leben.

Die beiden Bereiche, die dem Menschen beim Schreiben zur Verfügung stehen, das Akustische und das Visuelle, weisen den Weg zu den beiden neuropsychologischen Erklärungsansätzen, die heute die Legastheniedebatte aus kinder- und jugendpsychiatrischer Sicht dominieren: die Dysfunktion sprachlicher und/oder visueller Informationsverarbeitung. (10) Diese beiden Ansätze sollen im Folgenden vorgestellt werden, wobei die Grundlagen in den Texten zur Wahrnehmungsentwicklung bereits erarbeitet wurden.

Legasthenie – eine Störung sprachlich vorgegebener Information?

Wenn Kinder im Verlauf des Lese- und Schreiblern-Prozesses erkennen, dass es eine Verbindung zwischen Laut und (Schrift-)Zeichen gibt, machen sie einen entscheidenden Schritt in der Entwicklung

Ein Kind muss erkennen, dass bestimmten Lauten bestimmte Schriftzeichen zugeordnet werden.

ihrer phonologischen Bewusstheit: Aus dem Fluss der gesprochenen Sprache auf der Wort-, Silben- oder Buchstabenebene einzelne Laute zu analysieren und diese wieder zu synthetisieren ist die wichtigste Fertigkeit des phonologischen Bewusstseins. Wir werden dieser Fähigkeit im Kapitel über die Stufen der Rechtschreibentwicklung noch einmal begegnen (siehe S. 41 ff.). Diese Fertigkeit entwickelt sich allerdings nicht erst zu Schulbeginn, sondern die Grundlage wird bereits in der Kindergartenzeit gelegt.

Es gibt in der Sozialisationsgeschichte von Kindern eine Reihe von Ereignissen, welche verhindern können, dass sich diese Grundfertigkeiten ausreichend entwickeln.

Florian wird zur Diagnose beim schulpsychologischen Dienst angemeldet, weil er zwar alle ihm bekannten Texte, z. B. Nachschriften, fast fehlerfrei niederschreibt, und auch das Abschreiben gelingt mühelos. Nur bei Diktaten versagt er völlig, und seine Aufsätze muss die Lehrerin am Computer neu tippen, damit sie deren Inhalt verstehen und beurteilen kann. Aber auch dann sitzt sie oft vor Florians Blatt wie vor einer Geheimschrift: Was ist Vltr? Ist das ein Name, vielleicht „Walter"? Oder heißt das Wort „Falter"? Oder könnte es nicht „Liter" bedeuten? Nicht immer weist der Zusammenhang auf die Lösung.

Florians Vater ist Germanist und unterrichtet Deutsch und Geographie am Gymnasium, seine Mutter arbeitet als Sozialpädagogin an einer heilpädagogischen Einrichtung. Beide Eltern sind ratlos, haben sie doch geübt und geübt, aber Florian auch eine Menge „Eselsbrücken", so genannte mnemotechnische Tricks und Kniffs, beigebracht.

Aus der Kindheitsgeschichte berichten die Eltern, dass Florian häufig von Mittelohrentzündungen und Tubenkatarrhen geplagt gewesen sei: „Ständig hatte er Watte im Ohr!" Sein Hörvermögen war immer wieder eingeschränkt, und manchmal mussten seine Eltern ihn anschreien, damit Florian sie verstand: „Aber er hat dann immer wieder sehr schnell aufgeholt, wenn mal wieder so eine Phase vorbei war!", beeilt sich der Vater hinzuzufügen, und ich habe den Eindruck, er möchte vor allem sich selbst beruhigen. Mit vier Jahren sprach Florian sehr undeutlich und wurde zur Logopädin geschickt. Die Sprachstörung verschwand. Heute spricht Florian so deutlich, dass ich ihn problemlos verstehe. Nur in der Tiefenstruktur seiner Sprachverarbeitung scheinen die Defizite wirksam zu sein, wie später auch eine qualitative Analyse seiner Fehler im Rechtschreibtest zeigt.

Wie Florian ergeht es vielen Kindern mit sprachlichen Entwicklungsstörungen. Welche Teilleistungsstörungen verhindern das Erlernen des Lesens und Rechtschreibens?

Eingeschränkte phonologische Bewusstheit

Unter phonologischer Bewusstheit versteht man die Fähigkeit, lautliche Strukturen der Schriftsprache zu erkennen und mit ihnen zu arbeiten. Grob vereinfacht ist zu vermuten, dass Kinder mit Schwierigkeiten in ihrer Sprachentwicklung, z. B. Hörprobleme, während des Spracherwerbs sprachliche Informationen nur sehr undeutlich wahrgenommen und gespeichert haben. Diese undifferenzierten, amorphen Bausteine lassen die Kinder sowohl bei der Versprachlichung eigener Gedanken (Aufsatz) wie bei der Lautdiskrimination und Synthese (Lesen und Schreiben) im Stich. Es gelingt diesen Kindern z. B. nicht, ein gehörtes Wort in seine sprachlichen Komponenten zu zerlegen, sodass sie ähnliche Laute verwechseln: ‚f' wird zu ‚w', ‚sch' zu ‚s', ‚m' zu ‚n' usw. Aber auch harte und weiche Laute d/t, g/k, b/p können in ihrer Lautqualität nicht erkannt werden. Die Kinder schreiben im einfachsten Fall Karten statt Garten, Graft statt Kraft usw.

Hörprobleme in der Kindheit führen sehr oft zu Lese-Rechtschreibstörungen.

Reimworte als Hilfen für das Rechtschreiben nützen diesen Kindern gar nichts, denn sie erkennen die Reime nicht. Sie können auch die Pilotsprache als eine Kunstsprache beim Rechtschreiben nicht anwenden. Beim Anwenden der Pilotsprache wird dem Kind das Bild eines Piloten angeboten, der wie im Flugzeug hier beim Schreiben die Hand steuert. Dazu muss der Pilot so sprechen, wie das Wort geschrieben wird. Im Förderunterricht ebenso wie beim Üben zu Hause lernen wir, wie wir mit einer besonderen Sprache unsere Hand steuern können, damit ein richtiges Wort auf dem Papier erscheint: Sp-ie-g-e-l spricht der Pilot und dirigiert die Hand, nicht Schp-ie-g-l, wie wir normalerweise sprechen. Allerdings setzt die Pilotsprache voraus, dass wir ein bestimmtes Wissen wiederum in diese Kunst-

Die Pilotsprache

sprache umsetzen. Sie ist eine hilfreiche Verzögerungstaktik, die auch mit Bewegung verbunden werden kann.

Eingeschränkte Repräsentation im Langzeitgedächtnis

Manche Kinder haben auch Wortfindungsstörungen oder schreiben grammatikalisch völlig falsch.

Kinder mit einer sprachlichen Entwicklungsstörung haben nicht nur Schwierigkeiten beim Analysieren und Synthetisieren von Wörtern, sie schreiben oft auch grammatikalisch falsch (Dysgrammatismus) und sie finden Begriffe in ihrem Langzeitgedächtnis nicht, obwohl sie deren Inhalt genau kennen (Wortfindungsstörungen).

Auch beim Dysgrammatismus ist zu vermuten, dass eine Wahrnehmungseinschränkung der dargebotenen Sprache unvollständige Repräsentationen im Langzeitgedächtnis verursacht hat. Mit den Bausteinen der Syntax seiner Muttersprache kann das Kind nun nicht angemessen operieren.

Legasthenie – eine Störung visuell vorgegebener Information?

Bei einer Störung der visuellen Verarbeitung kann das Schriftbild nicht sicher abgespeichert werden.

Lange Zeit stand das visuelle Verarbeiten und Behalten in der Legasthenieforschung im Vordergrund. Heute ist diese Gewichtung eher vom Blick auf die auditive Informationsverarbeitung abgelöst worden. Dennoch sind diese beiden Ebenen des Schriftspracherwerbs, die Augen (visuell) und die Ohren (auditiv), und zusätzlich noch die Motorik (kinästhetisch/haptisch) in ihrer Kombination mit der Kontrolle durch die Augen daran beteiligt. Bei vielen Kindern jedoch ist jenes Zusammenspiel aufgrund einer Verlangsamung und Ungenauigkeit der optischen Wahrnehmungsorganisation gestört.

Yvonne ist eine äußerst sprachgewandte Drittklässlerin. Weit über ihr Alter hinaus gelingt es ihr, die eigene Lebenssituation sprachlich zu reflektieren. Auch ihre Stellung im Familienverband vermag sie mit Handpuppen kreativ und lebendig darzustellen, nachdem sie sich geweigert hat, im projektiven Test der „Verzauberten Familie" ihre Geschwister und ihre Eltern als verzauberte Wesen zu Papier zu bringen. So gern sich Yvonne abends vorlesen lässt, so bitter versagt sie beim Lesen und Rechtschreiben. Ähnlich aussehende Worte ersetzt sie kreativ, und so wird aus Fridolin ein Florian, und statt des Wortes „als" steht „las" in ihrem Heft. Puzzles habe sie niemals zusammengesetzt,

*erzählen die Eltern, und im Kindergarten schon habe sie sich erfolg-
reich vor dem Malen gedrückt.*

*In einem kognitiven Fähigkeitstest, der auch die visuelle Wahrneh-
mungsorganisation überprüft, kann Yvonne die Bildgeschichten nur mit
Mühe und unter Zeitüberschreitung in der richtigen Reihenfolge legen.
Puzzles versucht sie nach dem Versuchs-Irrtum-Prinzip zusammenzu-
setzen, was ihr nur ansatzweise gelingt, weil sie das darzustellende Objekt aus den Teilen nicht als Leitbild erkennen kann. Ähnlich dürftig ist
ihr Erfolg beim Nachlegen von Mustern, wobei ihr weder die Analyse
noch die Synthese gelingt. Als Muster fabriziert das Mädchen grotesk
aussehende Gebilde. Wenn sie zuweilen ein einfaches Muster zusammensetzen kann, dann steht es auf dem Kopf oder präsentiert sich seiten-
verkehrt.*

*Am Ende liegen die von Yvonne erreichten Werte in den manuell-vi-
suellen Untertests signifikant unter den verbalen Leistungen.*

Kinder mit Defiziten in der visuellen Wahrnehmungsorganisation
- können visuelle Informationen in gleich bleibenden Folgen (z. B. Buchstabenreihen) nicht verarbeiten,
- erkennen die Details der Schreibzeichen in ihrer Lage nicht (z. B. wird aus b ein d),
- erfahren wenig Hilfe durch gespeicherte Wortbilder.

Inwieweit eine zusätzliche Störung der Augenmotilität (Augenbe-
weglichkeit) hinzukommt, ist nicht eindeutig geklärt; die Prismen-
brille ist daher umstritten.

Defizite in der sprachlichen oder der visuellen Wahrnehmungsorganisation haben weit reichende Auswirkungen. Solange ein Kind
noch seine gesamte psychische Energie darauf verwenden muss,
das zu schreibende Wort z. B. in seiner Lautstruktur zu erkennen
und/oder anschließend die Schreibzeichen zu erinnern und abzu-
rufen, hat es kaum Kapazitäten frei, Rechtschreibregeln anzuwen-
den. Das ist auch einer der Gründe, warum diese Kinder selbst nach
mehreren Schuljahren auf einem sehr niedrigen Niveau der Rechtschreibentwicklung schreiben, und warum das Lehren von Regelwissen allein ihnen nicht ausreichend hilft. Die Kenntnis der ver-

schiedenen Ebenen, die ein Kind im Verlauf des Rechtschreibprozesses im Unterricht durchläuft, gibt Eltern ebenso wie dem Leiter eines Förderkurses wichtige zusätzliche diagnostische Informationen. Fehler sind dann nicht einfach Fehler, sondern sie können qualitativ analysiert und interpretiert werden. Diese verschiedenen Stadien sollen im nächsten Kapitel besprochen werden.

Nachdem wir nun das Feld der neurologisch bedingten Defizite, die für das Erlernen von Lesen und Schreiben wichtig sind, bis in alle Winkel abgegangen sind, drängt sich die Vermutung auf, dass man lese-rechtschreibschwachen Kindern am besten helfen kann, wenn man die Ursache des Problems möglichst differenziert diagnostiziert und dann das Therapieprogramm genau auf die Schwierigkeiten abstimmt. Dass diese These nur bedingt richtig ist, weil Kinder keine Roboter sind und mit ihrer ganzen Person – Körper, Geist und Psyche – versuchen, ihre Schwierigkeiten zu bewältigen, soll vor allem im vierten Kapitel gezeigt werden (siehe S. 57 ff.).

Worauf Eltern und Lehrer achten können

Für Eltern

Bewegung und Feinmotorik

Mein Kind ist ungeschickt!

Mein Kind
– ist linkisch und tollpatschig
– stößt oft an und fällt hin
– mag nicht malen und ausschneiden
– lernte das Fahrradfahren sehr spät
– war schon vor der Schule in ergotherapeutischer Behandlung

Visuelle Wahrnehmung

Mein Kind sitzt stundenlang an den Hausaufgaben!

Mein Kind
• braucht zu allen Aufgaben sehr lang
• verwechselt oder vertauscht Schreibzeichen
• verwechselt Richtungen (vorn/hinten, oben/unten …)
• findet sich auf dem Blatt und an der Tafel nicht zurecht

38

Sprachentwicklung
Mein Kind
- leidet/litt häufig unter Erkrankungen der Ohren und unter Erkältungen mit Hörverlust
- begann spät zu sprechen
- spricht undeutlich und
- verwechselt Laute
- war vor Schuleintritt in logopädischer Behandlung

Mein Kind hört einfach nicht zu!

Konzentration
Mein Kind
- ist verspielt und
- unaufmerksam
- vergisst „alles": Hausaufgaben, Hefte, Handschuhe …

Mein Kind kann sich nicht konzentrieren!

Seelische Befindlichkeit
Mein Kind
- wechselt in seiner Stimmung
- wenn er/sie will, dann kann er/sie!

Mit meinem Kind geht es immer „rauf und runter"!

Für Lehrer

Bewegung, Fein- und Grobmotorik
Mein Schüler / meine Schülerin
- kann die Zeilen nicht einhalten
- vermeidet Überkreuzbewegungen beim Schreiben
- wechselt den Stift von einer Hand zur anderen
- war schon vor der Einschulung in ergotherapeutischer Behandlung

Maxi hat eine „Krakel-Klaue"!

Visuelle Wahrnehmung
Mein Schüler / meine Schülerin
- braucht zu allen Aufgaben sehr lange
- verwechselt oder vertauscht Schreibzeichen
- verwechselt Richtungen (vorn/hinten, oben/unten …)
- findet sich auf dem Blatt und an der Tafel nicht zurecht

Maxi wird nie fertig!

Sprachentwicklung

Maxi kann man oft nicht verstehen!

Mein Schüler / meine Schülerin

- artikuliert verwaschen
- hat Schwierigkeiten beim Finden von Begriffen (Jacke ist wie Blut, weil ihm das Wort „rot" nicht einfällt)
- war vor Schuleintritt in logopädischer Behandlung

Konzentration

Maxi braucht einen Privatlehrer!

Mein Schüler / meine Schülerin

- kann nicht beim Thema bleiben
- träumt, die Hälfte des Unterrichts geht an ihm / ihr vorüber

Seelische Befindlichkeit

Maxi hat gute und schlechte Tage!

Mein Schüler / meine Schülerin

- ist nicht belastbar
- wenn er/sie will, dann kann er/sie!

Stufen der Rechtschreibentwicklung

Um die Fehler des Kindes beurteilen zu können, muss man über die Entwicklung des Rechtschreibens Bescheid wissen. So gelingt es, das Rechtschreibniveau des Schreibers zu bestimmen und einzuschätzen, wo er im Kenntniserwerb „hängen geblieben" ist. Dann kann man ihm mit geeigneten Strategien weiterhelfen.

Fehler ist nicht gleich Fehler

Beim Schreiben von Wörtern wendet das Kind bestimmte „Strategien" an – ein Wortfehler bedeutet damit eine falsche Strategie.

In diesem Kapitel wird die Bedeutung unterschiedlicher Strategien beim Schreiben dargestellt. Neben der Kinder- und Jugendpsychiatrie als Teil der Medizin hat auch die Psychologie auf dem Feld der Legasthenie geforscht. Dabei ist ein Modell entstanden, das eindrücklich erkennen lässt, wie die Fähigkeit, gesprochene Wörter orthographisch richtig zu Papier zu bringen, bei Kindern im Laufe ihrer Grundschulzeit wächst. (11) Anhand dieses Modells können Eltern und Lehrer das Niveau einschätzen, auf dem das Kind schreibt. Während in der Schule bei der Bewertung von Diktaten Fehler gleich Fehler ist, das Kind theoretisch für „dna" ebenso einen Fehler einheimst wie für „Doner", obwohl beide Falsch-Schreibungen auf völlig unterschiedlichen Entwicklungsniveaus liegen, schärft die Kenntnis eines solchen Modells wiederum unseren diagnostischen Blick.

> Wir gehen heute davon aus, dass Kinder bei den meisten Wörtern sich die Wortbilder nicht einfach einprägen und diese dann abrufen, sondern dass sie ihre Schreibung kognitiv konstruieren, sie also je nach Entwicklungsstand verschiedene Schreibstrategien kennen und diese einsetzen. Durch zunehmendes Wissen bereichern Kinder im Laufe der Schulzeit ihren ersten lautlichen Entwurf um orthographische Elemente und das Durchdringen der Sprache nach deren Bausteinen.

Die diagnostische Frage lautet also nicht, ob das Kind ein ausreichend differenziertes Wortbildgedächtnis hat, sondern vielmehr, welche Strategien und Operationen das Kind bei seinen Schreibungen anwendet.

Unser Wissen über die Art der Konstruktion vermittelt ein sehr genaues Bild vom Kenntnisstand eines Kindes im Rechtschreiben. Auch wenn häufig geschriebene Wörter von Kindern, die frei sind von Defiziten einer Lese- Rechtschreibstörung, routiniert aus dem Gedächtnis abgerufen werden, bleibt Schreibenlernen eine Handlung kognitiver Selbststeuerung, die im Unterricht entsprechende Unterstützung findet.

Ih ke tsu Anner! – diese Zeilen von Sybille, einer Schülerin im ersten Schuljahr, sind eine hervorragende Leistung kognitiver Konstruktion. Sybilles Mutter kann, wenn auch zunächst mit Mühe, der Nachricht entnehmen, wo sich ihre Tochter aufhält.

Neue Tests zur Erfassung der Rechtschreibleistung, wie z. B. die Hamburger Schreibprobe (12), lehnen sich ebenfalls an ein solches Entwicklungs- oder Konstruktionsmodell an und versuchen in ihrer Auswertung die grundlegende Rechtschreibstrategie eines Kindes differenziert zu erfassen.

Im Mittelpunkt steht die Frage: Mit welchen Strategien versucht ein Kind ein gehörtes Wort in Schriftzeichen umzusetzen? Bemüht es nur die alphabetische Strategie – wir lesen „farat", was verglichen mit dem Anfangsstadium bereits eine hervorragende Leistung ist –, oder fließen bereits Elemente einer orthographischen Strategie ein – wir lesen „Fahrad" oder am Ende des Prozesses schließlich das richtig geschriebene Wort „Fahrrad"?

Es ist spannend herauszufinden, mit welchen Strategien ein Kind arbeitet.

Den Prozess dieser analytischen Konstruktion eines Kindertextes detektivisch aufzuspüren kann eine spannende Aufgabe sein. Entsprechend interessiert begegnet man dann auch als Vater, als Mutter oder Lehrer den Schreibprodukten von Kindern.

Eine solche Diagnose ermöglicht es Eltern und Lehrern, Fördermaßnahmen sehr gezielt zu planen. Wie in den Beispielen bereits vorgestellt, verändert sich auf diese Weise aber auch der diagnostische Schwerpunkt. Nicht mehr die Defizite des Kindes stehen im Mittelpunkt, sondern die bereits erworbenen Strategien zur Verschriftung von Sprache. Erfasst wird das Rechtschreibkönnen und die Anzahl der Fehler rückt in den Hintergrund. Für Kinder ist eine solche Einstellung der Erwachsenen eine große Entlastung, können sie doch jetzt für ihr Können konkret und eindringlich gelobt und nicht mehr nur für die Fehler getadelt werden.

In den verschiedenen Phasen des Rechtschreiblernprozesses dominieren unterschiedliche Strategien. Werfen wir deshalb einen Blick auf die Schreibentwicklung von Kindern in den ersten Jahren der Schulzeit.

Der Prozess des Rechtschreiblernens als Einschätzungshilfe

Unsere Schrift ist eine Lautschrift, sie enthält – anders als zum Beispiel eine Bilderschrift – ein System mit besonderen Merkmalen und Regeln, die im Laufe der Schulzeit gelernt werden.

Die erste Phase – Schreiben ist „Logos" kennen

Vom Kritzeln zum Einprägen von Buchstabenfolgen – das ist der erste Schritt.

Schon lange vor Schulbeginn machen Kinder Schreibversuche, wobei diese Schreibprodukte sich kaum von den ersten Zeichnungen der Kinder unterscheiden. Wie bei vielen ihrer Spiele ahmen Kinder nach, was die Erwachsenen tun. „Ich schreibe der Oma auch einen Brief!", meint die vierjährige Sarah und setzt sich mit Papier bewaffnet der Mutter am Schreibtisch gegenüber. Was auf ihrem Blatt an Formen erscheint, hat mit Buchstaben kaum etwas zu tun, es ist ein Kritzelwerk.

Allmählich aber sind die Schreibzeichen der Kinder deutlicher zu erkennen, was manche Eltern verführt zu meinen, das Kind habe bereits die Laut-Zeichen-Zuordnung unserer Schrift erkannt. Wenn das auch zumeist nicht der Fall ist, so wissen Jungen und Mädchen bereits im Kindergarten, dass mit bestimmten Zeichen etwas Bestimmtes gemeint ist, z. B. bei den Verkehrszeichen. Neben grafischen Zeichen gibt es aber auch solche, die Buchstaben enthalten: P, VW, Post, Kaba usw. Solche Zeichen werden wie Logos gelesen. Was die Kinder sich merken, ist die Form der Buchstaben und ihre Reihenfolge als Muster aus Schreibzeichen, den Graphemen. Auf diese Weise können die ABC-Schützen bereits am ersten Schultag stolz ihren Namen schreiben.

Wenn Kinder beim Schreiben nur die Strategie des Einprägens von Buchstabenfolgen anwenden würden, bräuchten sie sehr lange, bis sie genügend Wörter solide gespeichert hätten. Auch wenn diese Strategie vor allem beim Einprägen von Wortbausteinen und häufig vorkommenden Wörtern im Prozess der Automatisierung zur Anwendung gelangt, so reicht sie doch kaum aus, um längere Texte zu verfassen. Die zentrale Strategie unserer Lautschrift wird im zweiten Stadium des Rechtschreiberwerbs erlernt.

Die zweite Phase – Schreiben ist Zuordnen von Laut und Zeichen

Eine Lautschrift ist ein weitaus komplizierteres System als eine Bilderschrift. Sätze müssen in Worte zerlegt werden, Worte in Silben und Laute gegliedert werden und ähnlich klingende Laute bedürfen der Unterscheidung („o‘ und „u‘, „b‘ und „p‘, „w‘ und „f‘ usw.). Bereits im ersten Schuljahr vollziehen Kinder den entscheidenden Schritt unserer Lautschrift. Sie erkennen, dass jedes Schreibzeichen Träger einer lautlichen Bedeutung ist, dass umgekehrt jedem Laut ein Zeichen zugeordnet werden kann. Dabei orientieren sich die Schulanfänger zunächst an den Namen der Buchstaben.

Nun folgt das Erkennen der Laut-Zeichen-Korrespondenz oder der alphabetischen Strategie.

In einem ersten Schritt geben die Kinder oft nicht alle Laute wieder, sondern nur die besonders auffallenden. Dazu gehören zunächst die Konsonanten. Skelettschreibungen wie „Ft“ für Fahrrad oder „RP“ für Räuber zeigen an, dass die Kinder die Laut-Zeichen-Zuordnung erkannt und einen wichtigen Schritt in ihrer kognitiven Entwicklung getan haben.

Hat das Wort mehrere Konsonanten, so lassen Kinder oft einen davon weg, und wir lesen „Woke“ oder „baten“. Wenn schließlich die Vokale dazukommen und „Farat“ oder „roiba“ auf dem Papier steht, dann ist das eine beachtliche Leistung unter Ausschöpfung aller Möglichkeiten der alphabetischen Strategie. In diesem Stadium erschreiben Kinder sich die Worte, indem sie bemüht sind, diese deutlich auszusprechen, und sie dann ihre Artikulation in Buchstaben gießen. Erinnern wir uns in diesem Zusammenhang an die Pilotsprache, eine Kunstsprache (siehe S. 35).

Ebenfalls im ersten Schuljahr erkennen die Kinder die Grenze dieser Methode. Es gibt in der deutschen Sprache keine 1 : 1 Zuordnung von Laut und (Schreib-)Zeichen. Manche Laute können kurz oder auch lang gesprochen werden und klingen dann sehr verschieden (Ostern, Osten), andere Laute werden durch mehrere Zeichen wiedergegeben (sch, ch), wieder andere werden durch verschiedene Zeichen wiedergegeben, obwohl sie gleich klingen (verlaufen, fertig). Bei konsequenter Anwendung der Lautschrift erwartet das Kind ein mit Rot übersätes Heft. Und weil wir nur aus Fehlern klug werden, ist jetzt der Zeitpunkt gekommen, eine weitere Strategie zu erlernen.

Die dritte Phase – Schreiben ist Kennen
von Bausteinen und Regeln

Die Aneignung orthographischen Wissens und die Durchdringung der Wörter nach konstanten Bausteinen steht am Ende des Prozesses.

Im Rechtschreibunterricht der Schule werden die Kinder sehr früh mit Regeln bekannt gemacht. So begegnen sie meist schon im zweiten Schuljahr der wichtigen Regel, dass „sp" und „st" als „schp" und „scht" gesprochen, jedoch nicht so geschrieben werden. Haben die Kinder erst einmal erkannt, dass es Regeln unserer Sprache gibt, die uns das richtige Schreiben erleichtern – und viele Regeln entdecken sie selbst –, dann wenden sie gängige Rechtschreibmuster „erbarmungslos" an. Ein Kind, das „Oper" schreibt und seinen Opa meint, hat eine wichtige Transferleistung vollbracht. Es hat erkannt, dass viele Worte auf „-er" enden, obwohl wir „a" hören. Wir sprechen dann von Übergeneralisierung, eine wahre Intelligenzleistung.

Unsere Sprache besteht aus festen Bausteinen, die man beim Schreiben verwenden kann, z. B. sind alle Wörter aus Vorsilben, Stämmen und Endungen gebildet, die sich nicht verändern. Die so genannte Morphemkonstanz ist neben der Laut-Zeichen-Zuordnung das wichtigste Mittel zur Konstruktion von Wörtern sowohl sprachlich wie schriftlich.

Es ist von überragender Bedeutung, den Kindern solche Bausteine zu lehren, die sich nicht verändern – so wie im Lego-Baukasten die Steine konstant bleiben und immer wieder verwenden können. Nehmen wir ein vergleichsweise einfaches Wort wie verlieren. Es kann in folgende Bausteine zerlegt werden: die Vorsilbe „ver-", bei „-lier" kommt die Dehnungsregel zur Anwendung und die Endsilbe „-en" ist bei den meisten Verben in der Grundform zu finden.

Über die Wechselbeziehung der Rechtschreibstrategien

Wie bei allen Stufenmodellen gilt auch hier die Regel, dass Kinder sich in einer Rechtschreibstrategie erst sicher zu Hause fühlen müssen, um die nächste zu erlernen. Warum lese-rechtschreibschwache Kinder sich häufig kaum Regelwissen aneignen, hat auch hier seinen Grund:

Haben die Kinder z. B. große Schwierigkeiten, Laute einzeln zu erkennen, sind sie also auf dem Niveau der Laut-Zeichen-Zuordnung unsicher, so stehen ihnen kaum kognitive Kapazitäten zur Verfügung, um auf das nächst höhere orthographische Stadium vorzudringen.

Betrachen wir noch einige Beispiele dafür, wie die einzelnen Strategien auch später ineinander wirken.

Nur wenn eine Stufe der Rechtschreibstrategien sicher beherrscht wird, kann die nächste erworben werden.

- Viele Wortteile werden beim guten Schreiber inzwischen automatisiert wie Logos geschrieben. Dazu gehören vor allem häufige Wörter wie die, und, ein usw.
- Beim Erwerb so mancher Regel kommt die alphabetische Strategie zum Einsatz. Will ich als Kind verstehen, was ein kurz gesprochener Vokal ist, nach dem der Mitlaut verdoppelt wird, so muss ich das Wort deutlich laut oder leise artikulieren. Um die Unterschiede für Kinder wirklich einsichtig zu machen, helfen auch Quatschworte, d. h. ich spreche den Vokal einmal lang und einmal kurz und überprüfe, welche Aussprache stimmt. Das macht Kindern auch Spaß!
- Bausteine von Wörtern kommen auch im Sprachlehreunterricht vor, z. B. beim Erlernen der Konjugation von Verben (ich laufe, du läufst, er …) als wichtige Vorübung für den Fremdsprachenunterricht. Es ist sehr wichtig, dass Kinder Sinn und Zweck solcher Übungen erkennen.

Bei einer organischen Lerngeschichte wachsen die einzelnen Rechtschreibstrategien allmählich zusammen, das Schreiben automatisiert sich, und die Kinder können nur noch bei ungewöhnlichen oder selten geschriebenen Wörtern sagen, wie sie deren Schreibweise durch die Anwendung von Regelwissen gefunden haben.

Bei den meisten Wörtern aber ist ihre Antwort auf die Frage: „Wie weißt du denn, dass du „spitzt" mit „tz" schreibst?" „Das schreib ich halt so!" oder „Weiß ich nicht!"

Solche Antworten sind ein Hinweis darauf, dass der Schreiber inzwischen viele Wörter im Schreibprozess sozusagen automatisch niederschreibt.

Worauf Eltern und Lehrer achten können

Für Eltern und für Lehrer

Die Stufen der Rechtschreibentwicklung und die Rechtschreibstrategien

Maxi versucht, seine Fehler zu überdecken!

Mein Kind / mein Schüler / meine Schülerin
- schreibt so undeutlich, dass ich mir „aussuchen" kann, wie der Buchstabe heißen soll!

Maxi verwechselt Laute!
- schreibt z. B. für Walter – Falter, für Garten – Karten, für Zaun – Schaun …

Maxi schreibt, wie er die Wörter hört!
- schreibt z. B. für Vater – Fata, für Geld – Gelt, für fallen – faln …

Maxi kennt keine Rechtschreibregeln!
- schreibt z. B. für Wälder – Welder, für Donner – Doner, für Mittwoch – Mitwoch

Legasthenie – Zeichen für kreatives Denken?

In diesem Kapitel stellen wir Ihnen eine besondere Art des Denkens so mancher lese-rechtschreib-schwacher Kinder vor. Wir wollen Sie vertraut machen mit der Welt des „Bilderdenkens".

Die Welt des „Bilderdenkens": Bild-Begriff und Verwirrung

Auch die Psychologie bietet verschiedene Erklärungsmodelle für die Legasthenie.

Mehrere wissenschaftliche Disziplinen bemühen sich um Erklärungen für das Phänomen der Lese-Rechtschreibstörung. Wie wir gesehen haben, forscht neben der Medizin auch die Psychologie auf diesem Gebiet. Ihre Ergebnisse, die seelische Situation von leserechtschreibschwachen Kindern betreffend, werden wir noch kennen lernen (siehe S. 57 ff.). Kein Modell jedoch erfüllt den Anspruch einer umfassenden Theorie, sondern jede Sichtweise beleuchtet nur einen Teilaspekt des Phänomens. Die Schwierigkeiten mancher Kinder können von dem einen Modell eindringlicher erfasst werden als von einem anderen. Einen Ausschließlichkeitsanspruch jedoch gibt es nicht, eine solche Haltung fordert zumindest die wissenschaftliche Redlichkeit.

Das einzig „richtige" Modell existiert also nicht.

Hier soll nun ein Erklärungsversuch vorgestellt werden, der entsprungen ist aus der Motivation, die eigene sehr bewegende subjektive Geschichte als Legastheniker zu verstehen. Nennen wir diesen Ansatz: „Das Denken in Bildern – Hindernis und Chance des legasthenischen Kindes". Bereits vor mehr als zwanzig Jahren postulierte der Gehirnforscher und Nobelpreisträger R. W. Sperry, dass es vermutlich zwei Denkweisen gibt, eine verbale und eine non-verbale, die weit gehend getrennt von je einer Gehirnhälfte repräsentiert werden.

Populär geworden ist der Gedanke, dass es ein Denken in Bildern gibt, durch das Buch „Legasthenie als Talentsignal" des amerikanischen Autors Ron Davis. (13) Sein Verdienst ist, dass er als einer der Ersten neben den Möglichkeiten zur Überwindung der legasthenischen Defizite auch auf die vielseitigen Begabungen dieser Menschen hinweist.

Auf zwei wichtige Kernaussagen dieses Konzepts soll im Folgenden eingegangen werden.

Lassen Sie uns für einen Moment in die Welt eines bilderdenkenden Legasthenikers eintreten. Wodurch ist diese Welt gekennzeichnet?

Die Welt der Bild-Begriffe

R. Davis geht davon aus, dass Legastheniker überwiegend in Bildern denken, sie also ihre Begriffe in Bildern entwickeln. Da in unserem Bildungssystem ebenso wie in der Wissenschaft die verbale Form der Intelligenz regiert, die von Psychologen als eine wichtige Säule des Schulerfolgs angesehen wird, muss es aufgrund dieses Denkens zu Schwierigkeiten beim Lernen kommen. So ist unsere Schrift keine Bilder-, sondern eine Lautschrift, und in dieser Art des Denkens ist so manches lese-rechtschreibschwache Kind wenig geübt. Die Probleme beim Erwerb der Schriftsprache beruhen nach diesem Modell auf einer bildhaften Denkweise, die zwar wesentlich rascher vonstatten geht als die verbale, die jedoch wenig kompatibel ist mit unserer Lautschrift.

Eine bildhafte Denkweise ist oft schwierig in Lautschrift umzusetzen.

Die Welt der Verwirrung

R. Davis nimmt an, dass Legastheniker in der Begegnung mit Buchstaben und Wörtern aufgrund ihres Denkens in Bildern schneller verwirrt werden als andere Menschen. Außerdem ist ihre Verwirrungsschwelle niedriger; in der Kinder- und Jugendpsychiatrie sagt man, die Kinder können unwesentliche Reize kaum ausblenden und sind deshalb sehr schnell von den Eindrücken ihrer Lebenswelt überflutet. Ist die Verwirrungsgrenze überschritten, kommen diese Kinder in einen Zustand der Desorientierung. In dieser gefühlsmäßigen Verfassung stimmt die innere Wahrnehmung nicht mehr mit den wirklichen Gegebenheiten überein. Ist jedoch die Wahrnehmung verzerrt, werden Informationen falsch aufgenommen und falsch interpretiert, was zu Fehlern führt.

R. Davis' monokausaler Ansatz ist sehr umstritten, weil der Autor weder genetische noch psycho-emotionale oder soziale Faktoren berücksichtigt. Außerdem bringen die Heilsversprechungen der Davis-Trainer diesen Ansatz ins wissenschaftliche Abseits ähnlich der Postulate der Kinesiologen. Trotzdem sind Elemente dieser Methode, z. B. die Arbeit mit plastischem Material, sinnvoll, wie später im Trainingsprogramm vorgestellt wird. Diese erweisen sich in der Praxis als nützlich und effektiv, wenn sie nicht nur wie bei Davis funktional mit dem Ziel der Worterfassung eingesetzt werden, sondern auch zur

Auflösung psycho-emotionaler Blockaden. Allerdings sind auch diese Übungen nicht neu. Rudolf Steiner, der Begründer der Waldorfschulen, hat ähnliche Gestaltungsübungen bereits in den 20er-Jahren des vergangenen Jahrhunderts in seine Pädagogik aufgenommen.

Bilderdenken als Fehlerquelle bei der Texterschließung

Abstrakte Begriffe sind in die Welt des Bilderdenkers nur schwer zu integrieren.

An einem sehr konkreten Beispiel, der Texterschließung, soll gezeigt werden, wie das Denken in Bildern die Sinnentnahme behindern kann. Der Begriff „Haustür" z. B. ist ein sehr ausdrucksstarkes, bildhaftes Wort, das ohne Schwierigkeiten vorgestellt werden kann. Es gibt aber abstrakte Worte in der deutschen Sprache, z. B. Präpositionen, Konjunktionen …, die für Kinder, die in Bildern denken, schwierig zu verstehen sind. Ein Wort wie „während" oder „weil" ist abstrakt und ohne Zwischenschritt kaum als Bild zu denken. Das ist der Grund, warum Texte von Kindern, die in Bildern denken, inhaltlich oft falsch verstanden werden, wenn in ihnen vermehrt abstrakte Begriffe vorkommen. Wird der gleiche Text mit sinnfördernder Betonung vorgelesen, wird der Inhalt oft problemlos verstanden. Fatale Folgen hat das unrichtige Verstehen einiger Worte bei Angabentexten von Schulaufgaben. Fantasievolle Kinder ersetzen zuweilen die entstehenden Lücken mit Selbsterdachtem und kreieren sich auf diese Weise eine eigene Angabe. Die Folge sind falsche Antworten bei Kindern, die von ihrem intellektuellen Potenzial her durchaus in der Lage sind, die gestellten Aufgaben richtig zu lösen.

Betrachten wir noch ein Beispiel aus der Therapie mit einem Bilderdenker, das auch die häufigen sprachlichen Fehler dieser Kinder und Jugendlichen erhellt, die oben beschrieben wurden.

Philipp, 13 Jahre, erzählt voller Begeisterung, was ihm alles beim „storming brain" eingefallen ist. Auf die Nachfrage: „Wie siehst du das Wort 'storming-brain'?", beschreibt Philipp: „Ein Sturm bläst die Gedanken wie Blätter in mein Gehirn." Dieses Bild macht eindrücklich klar, dass zuerst der Sturm da sein muss, um die Gedanken ins Gehirn zu blasen. Folgerichtig verbalisiert der Junge sein Bild: „storming-brain".

Bildhafte Denkprozesse laufen sehr viel schneller ab als ein Denken in Worten. Bei Aufsatzentwürfen und selbst geschriebenen Geschichten fällt auf, dass Worte, manchmal auch ganze Satzteile fehlen, vom Schreiber sozusagen übersprungen werden. In der gedanklichen Bildfolge sind die Gedanken vollständig vorhanden gewesen, aber sie sind von den Kindern nicht aufgeschrieben worden. Die Kinder sind in ihren Gedanken weiter geeilt und mit dem Niederschreiben nicht nachgekommen. Diese Gedankensprünge in Aufsätzen sind für Außenstehende oft schwer nachvollziehbar und werden vom Lehrer meist als „schlampig" oder „flüchtig" in der Arbeitsweise beurteilt. Wie niederschmetternd, aber auch verunsichernd, muss ein solches Urteil für ein kreatives Kind sein, das seinen Aufsatzinhalt klar und einsichtig vor seinem inneren Auge sah. Hätte man das Kind den Text erzählen lassen, wäre der Inhalt vermutlich hoch bewertet worden und alle wären von seiner logischen Folge und Anschaulichkeit begeistert gewesen.

„Bilderdenker" sind meist sehr kreativ und fantasievoll.

Sehr hilfreich, um eine Verbesserung bei Diktaten und Nachschriften zu erreichen, kann es sein, wenn der Text Wort für Wort diktiert wird. Der zehnjährige Julian meinte dazu: „Das ist für mich leichter. Ich kann dann jedes Bild für ein Wort einzeln sehen!" In Förderunterrichtsstunden konnte ich beobachten, dass meine leserechtschreibschwachen Kinder sich kleine Texte gegenseitig Wort für Wort diktierten. Dieser Vorgang mag auch einer der Gründe dafür sein, warum Legastheniker in standardisierten Rechtschreibtests häufig viel bessere Leistungen erbringen als in fortlaufenden Texten in Diktaten oder gar in Aufsätzen.

Ein anderes Denken – Voraussetzung für Kreativität

Wenn das Bilderdenken die Lerngeschichte von Menschen in einer von Verbalität beherrschten Welt zur Qual machen kann, warum

53

Viele berühmte und erfolgreiche Menschen hatten Probleme mit der Rechtschreibung.

kann es dann auch ein „Talentsignal" sein? Die intuitive Erkenntnis, dass es verschiedene Denkweisen gibt, ist aus den Biografien und Interviews von und mit Künstlern, aber auch überragenden Wissenschaftlern bekannt. Bei G. Orwell lesen wir: „Das Schlimmste, was man beim Schreiben von Prosa tun kann, ist, sich den Worten zu unterwerfen. Denkt man an einen konkreten Gegenstand, denkt man nicht in Worten; will man dann aber beschreiben, was man sich bildlich vorgestellt hat, muss man erst lange herumsuchen, bis man die Worte findet, die man für treffend hält." (14) Sehr direkt äußert sich in einem Interview der berühmte Pantomime Samy Molcho, in welchem er sich als Legastheniker „outet". „Jeder kann irgendetwas nicht. Ich habe Wissen, bin intelligent – und habe Probleme mit der Rechtschreibung. Ich benutze einfach mein Gehirn anders, weil ich dreidimensional denke. Diese Art zu denken entspricht übrigens vollkommen meiner Arbeit auf der Bühne." (15)

Und nun von den Vertretern der schönen Künste zum größten Physiker des vergangenen Jahrhunderts, Albert Einstein. Dem Psychologen Max Wertheimer erzählte er über sein Denken: „Die Gedanken kamen nicht in einer verbalen Ordnung. Ich denke kaum einmal in Worten. Es kommt mir ein Gedanke, und im Nachhinein versuche ich, ihn mit Worten auszudrücken." (16) Auch von Einstein ist bekannt, dass er große Probleme mit der Rechtschreibung hatte. Alle diese berühmten Menschen konnten das ihrem bildhaften Denken innewohnende Potenzial nutzen.

> Kreativität heißt immer, die eingefahrenen Schienen der Wahrnehmung und Interpretation zu verlassen und die Dinge neu zu ordnen, im wahrsten Sinne des Wortes anders zu sehen und neu zu bewerten.

Viele legasthenische Kinder haben die Fähigkeit zu starker Imagination und sehen Gedankenabläufe in Bildern. Nun ist diese Fähigkeit beim Grundschulkind auch entwicklungspsychologisch bedingt, aber diese altersspezifische Theorie klärt das Phänomen nicht ausreichend auf. Auch wenn Kinder in Wörtern denken, haben sie doch mehr als Erwachsene die Fähigkeit, ihre Welt in Vorstellungen und Bildern zu konstruieren. Diese Fähigkeit zu nutzen, kommt allen lese-rechtschreibschwachen Kindern zugute.

In diesem Zusammenhang ist ein Versuch aus den 70er-Jahren an der Universität von Pennsylvania in den USA interessant. Psychologen machten die erstaunliche Beobachtung, dass legasthenische Kinder mit der chinesischen Bilderschrift, also mit gepinselten Wortsymbolen, viel leichter umgehen konnten als mit unserem europäischen Alphabet. Schon nach kurzer Zeit konnten die Kinder in dieser Symbolschrift einfache Sätze lesen. (17)

Die Unterstützung des Lese- und Schreibprozesses durch Handbewegungen, die vor allem in Sonderschulen eingesetzt werden, erhält auf diesem Hintergrund ebenfalls eine neue Bedeutung.

Und noch ein Beispiel eines genialen Bilderdenkers, dem wohl berühmtesten Mathematiker der Gegenwart, Sir Roger Penrose. Er sagt von sich: „Ich denke gern visuell. In Bildern zu rechnen ist meist auch viel schneller. Komplizierte Berechnungen, für die man viele Seiten Papier bräuchte, lassen sich bildhaft mit wenigen Strichen umsetzen." (18) Eine befreundete Grafikerin erzählt, dass sie während des Telefonierens wie so viele Menschen auf ihrem Notizblock kritzelt. Sieht sie sich später diese Kritzeleien an, dann fallen ihr die Details des Gesprächs ein. Hier ist das Bild, die grafische Spur, eine Brücke zu den verbalen Gedanken. Beide Vertreter einer bildhaften Denkweise nützen auf ganz unterschiedliche Weise ihr Potenzial, verbinden assoziativ bildhaftes Denken mit analytisch-logischem. Je mehr wir uns bewusst sind, dass es solche Denkprozesse gibt, desto gezielter können wir Schüler unterstützen, diese Art des Denkens konstruktiv für sich zu nutzen.

Die Kunst besteht darin, assoziativ-bildhaftes Denken mit logisch-analytischem zu verbinden.

Die Rolle der Lautschrift

Prüft man die Befunde, so stellt sich die Frage, inwieweit die Probleme beim Schriftspracherwerb auch mit unserer Lautschrift zusammenhängen. Sicher fällt es Kindern, die mehr in Bildern denken, leicht, sich in Schriftsystemen zurechtzufinden, deren elementare Einheiten Morpheme oder Wörter sind, die als stark reduzierte Bilder präsentiert werden. Beim Erlernen einer solchen Schrift sind Bilderdenker die Stars. Aber die Bedeutung von kreativem Potenzial, von der Wirtschaft seit langem gefordert, scheint auch in der Schule von heute immer mehr erkannt zu werden, zollt doch so mancher neue Lehrplan für die Grundschulen dem intuitiv schöpferischen Denken weit größere Achtung als das bei seinen Vorgängern der Fall war.

Im Praxisteil unseres Therapiekonzeptes werden für die Umsetzung dieser Ziele vielfältige konkrete Hilfen angeboten (siehe S. 71 ff.).

Worauf Eltern und Lehrer achten können

Für Eltern und für Lehrer

Maxi lässt immer wieder Worte aus!

Sprache
Mein Kind / mein Schüler / meine Schülerin
- bringt Sätze mündlich und schriftlich nicht zu Ende
- bricht Sätze ab und lässt Worte aus
- stottert manchmal

Maxi kann fantasievoll bauen und konstruieren!

Vorstellungsgabe
Mein Kind / mein Schüler / meine Schülerin
- bevorzugt Lego und technisches Spielzeug
- kann sich alle Objekte hervorragend räumlich vorstellen und sieht die Dinge „dreidimensional"

Maxi braucht dringend klare Vorgaben und Anweisungen!

Orientierung
Mein Kind / mein Schüler / meine Schülerin
- versinkt oft im Chaos und ist völlig desorganisiert

Maxi benötigt innerhalb der Vorgaben Raum und Zeit für persönliches Gestalten.

Kreativer Ausdruck
Mein Kind / mein Schüler / meine Schülerin
- äußert eine Fülle von Ideen: „Da kann man ihn nie bremsen!"
- verschwindet zuweilen in seinen Fantasiewelten

Legasthenie – eine psycho-emotionale Lernstörung

Jedes Kind kann konzentriert arbeiten – wenn es an der Sache interessiert ist. Daher ist es wichtig, die Situationen zu kennen, in denen das Kind geradezu mit seinem Tun verschmilzt, und zu wissen, warum lese-rechtschreibschwache Kinder Schwierigkeiten haben, ihre Aufmerksamkeit zu steuern. Nur so lässt sich der Teufelskreis einer Lernstörung umgehen.

Probleme mit der Konzentration

Viele Kinder können sich in der Schule anscheinend nicht konzentrieren – die Ursachen sind vielfältig.

Peter wird wegen Schulversagens an der Beratungsstelle vorgestellt. Begonnen hat alles damit, dass er sich von Anfang an schwer tat im Erlernen des Lesens und Schreibens, später vermerkt das Zeugnis auch, dass Peter in Mathematik flüchtig arbeitet und deshalb viele Fehler macht. Seine Lehrerin meint allerdings, sie könne keine typischen Legasthenie-Fehler entdecken und halte Peter einfach für ein überbehütetes, verwöhntes Kind, dem zu Hause alle Schwierigkeiten aus dem Weg geräumt werden. Er zeige keinerlei Anstrengungsbereitschaft und bringe kaum einen Eintrag in der Schule fertig. „Peter kann sich einfach nicht konzentrieren!", beendet sie ihre Beschreibung. Ich spüre neben ihrer Wut auch ihre Verzweiflung, hat sie mir doch eben noch geschildert, was sie im Unterricht alles versucht hat, um Peter zu helfen.

Peter ist ein stämmiger Neunjähriger, der seinen Miniaturfußball mit beiden Händen knetet, was mir Gelegenheit gibt, uns zuerst über ein Thema abseits des Schulversagens zu unterhalten: Fußball. Gefragt, warum er hier an der Beratungsstelle sei, meint Peter zögernd: „Wegen dem Konzentrieren!" Als ich wissen möchte, was das denn heißt, zuckt der Junge mit den Achseln.

„Er könnte schon, wenn er wollte" – so stöhnen viele Eltern.

Konzentrationsprobleme sind der Hauptanmeldegrund in der schulpsychologischen Beratung, bewahrt er Eltern und Lehrer doch davor, ihre Katastrophenfantasie zuzulassen, dass das Kind möglicherweise aufgrund einer eingeschränkten kognitiven Ausstattung in der Schule versagt: „Mein Kind ist dumm!", ist für Eltern eine äußerst kränkende Vorstellung, und Lehrer wie auch Berater retten sich in die Beschreibung der mangelhaften Konzentration, die scheinbar leichter zu beheben ist. Im naiven Sprachgebrauch werden Konzentrationsdefizite zumeist auf mangelndem Willen des Kindes zurückgeführt. „Er könnte schon, wenn er wollte!", äußert auch Peters Vater, und von der Schulpsychologin wünschen die Eltern sich einen Zaubertrick, wie man Peter zum Wollen bringen könnte.

Wie Erwachsene suchen auch Kinder nach Erklärungen für ihr Verhalten. Peter hat die Vorwürfe seiner Eltern und seiner Lehrerin übernommen, ohne zu verstehen, was dieses Zauberwort Konzen-

tration wirklich bedeutet. Er trägt das Wort „konzentrationsgestört"
inzwischen wie ein Markenzeichen. Die Unfähigkeit zu konzentrier-
tem Arbeiten ist für Peter wie eine sein Leben überdauernde Charaktereigenschaft, gehört zu seiner Person wie seine blauen Augen.
Diese Eigenschaft hindert ihn einerseits am Lernen, andererseits
macht sie ihn aber auch zum „bösen Jungen", der seine Eltern und
seine Lehrerin ärgern möchte. Doch warum legasthenische Kinder
sich nicht konzentrieren können, darüber wissen weder Peter noch
seine Eltern Bescheid, und auch seine Lehrerin tappt im Dunkeln.

Die Unfähigkeit, die eigene Aufmerksamkeit dauerhaft steuern zu
können, ist bei lese-rechtschreibschwachen Kindern zunächst nur
eine Folgeerscheinung der Schwierigkeit, optische und akustische
Reize beim Lesen oder Schreiben differenziert wahrzunehmen und
diese Informationen angemessen zu verarbeiten. Möglicherweise
spielt auch die im vorigen Kapitel besprochene Verwirrung und Desorientierung eine Rolle (siehe S. 51 f.). Peter kann sich an der Tafel
nicht sicher orientieren, er kann nur mit großer Anstrengung erkennen, um welches Schreibzeichen es sich handelt, und er kann
Laute nur unter Aufbietung seiner gesammelten Konzentrations-
kraft unterscheiden. Alle Ursachen für eine Lese- und Rechtschreibstörung, wie im ersten Kapitel beschrieben, zeigen sich bei Peter in
der Diagnostik. Es ist daher kaum verwunderlich, dass seine Aufmerksamkeitssteuerung alsbald zusammenbricht. Peter macht
Flüchtigkeitsfehler, sein Tempo verlangsamt sich und hinzu kommt
schließlich der verständliche Widerwille gegen jede Tätigkeit, die
mit Lesen oder Schreiben zu tun hat. Aufgrund der Reaktion seiner
Psyche überträgt Peter sein Nicht-Können bald auch auf die Mathematik. Im nächsten Abschnitt über den Teufelskreis der psycho-
emotionalen Lernstörung (siehe S. 60 ff.) werden noch andere Einflüsse beschrieben, die einen Lernzuwachs immer mehr verhindern.

*Die Aufmerksam-
keitsprobleme sind
Folge der Schwierig-
keit, optische und
akustische Reize si-
cher wahrzunehmen.*

Ohne Interesse geht es nicht!

Damit Peter nicht unter dem Berg negativer Zuschreibungen be-
graben wird, mache ich mich zusammen mit ihm und seinen Eltern
auf die Suche nach Aktivitäten, bei denen er dauerhaft in Kontakt
mit einer Sache bleiben kann.

Interesse ist die Voraussetzung für jedes konzentrierte Tun.

Und wir werden bald fündig: Skateboard fahren, Fußball spielen, mit dem Rad umhersausen, mit seiner Ritterburg und den Playmobil-Figuren spielen.

„Da ist er unermüdlich!", bestätigt seine Mutter, aber in ihrem Worten schwingt wenig Wertschätzung. Ihr Tonfall zeigt eher Interpretationen im Sinne von: „Du machst halt nur das richtig, was dich interessiert!" Dass jedoch Interesse ein Schmiermittel für jedes konzentrierte Tun ist, können wir mit einem Blick auf den Lebensstil und die Schulerfahrungen seiner Eltern bald verdeutlichen. Interesse aber lässt sich nur dauerhaft aufrechterhalten, wenn den Handlungen kein Hindernis entgegensteht und man mit seinen Anstrengungen auch ein Ziel erreicht. Und dieses Hindernis ist bei Peter diagnostisch feststellbar und wird durch weitere Einflüsse täglich größer. Diese Variablen verstärken sich gegenseitig und verstellen den Blick auf die heilen Persönlichkeitsanteile des Jungen inzwischen völlig.

Vom Teufelskreis der seelisch bedingten Lernstörung

Wenn man ständig Misserfolge erlebt, nimmt die Seele Schaden.

Sich nicht konzentrieren zu können ist eine der Folgeerscheinungen eines legasthenischen Kindes. Blicken wir allerdings durch die Brille der Kinder- und Jugendpsychiatrie, dann hat das Aufmerksamkeitsdefizitsyndrom körperliche Ursachen. Dieser Erklärungsversuch ist einer unter vielen. Im Folgenden soll es um die psycho-emotionalen Folgeerscheinungen gehen, auch als sekundäre Neurotisierungen bezeichnet, die einander beeinflussen und verstärken. Es geht darum, was ein Trommelfeuer an Kränkungen in der Seele eines Kindes anrichten kann. Bei uns Erwachsenen ist das nicht anders. Stellen Sie sich nur vor, täglich an einen Arbeitsplatz gehen zu müssen, an welchem Ihnen offen oder verdeckt ständig mitgeteilt wird, dass Sie für den Job nicht taugen. Betz / Breuninger (19) haben diese Teufelskreise ausführlich dargestellt. Hier soll ein vereinfachtes psychologisches Wirkmodell der so genannten Teilleistungsstörungen vorgestellt werden (siehe Abb. auf S. 68).

Cornelius, zehn Jahre alt, wird wegen einer ganzen Liste schwieriger Verhaltensweisen beim schulpsychologischen Dienst angemeldet: mangelhafte Konzentration, unruhiges Verhalten, Arbeitsverweigerung und Schuleschwänzen. Am schlimmsten sei das Schuleschwänzen sagt die Mutter am Telefon und bricht in Tränen aus. Vom Rektor habe sie gestern erfahren, dass Cornelius schon dreimal nicht in der Schule aufgetaucht sei, obwohl er morgens das Haus verlassen habe. „Helfen Sie uns!", schluchzt sie. „Mein Mann und ich wissen nicht mehr weiter!"

Gefragt, was sie schon alles unternommen hätten, stellt sich heraus, dass Cornelius bereits vor einigen Monaten beim Kinder- und Jugendpsychiater vorgestellt worden sei, dessen Befund neben einer Lese-Rechtschreibstörung auch ein Aufmerksamkeitsdefizitsyndrom verbunden mit Hyperaktivität (ADSH) anführt. Es wurden eine Legasthenietherapie angesetzt und das Medikament Ritalin verordnet. „Aber das hat überhaupt nicht gewirkt!", äußert die Mutter und meint damit das Medikament. Da im Augenblick kein Platz bei einem Legasthenie-Therapeuten frei ist, will sie von der Schulpsychologin wissen, wie sie sinnvoller mit Cornelius üben kann und wie man ihn wieder zum Lernen motivieren kann. Die Lehrerin möchte vor allem Tipps für Cornelius' Zappeligkeit im Unterricht. Und auch die Förderlehrerin an der Schule ist genervt, weil Cornelius seit Beginn des Schuljahres all ihre schönen Entspannungsübungen attackiert und, statt Kontakt mit sich selbst aufzunehmen, versucht, die anderen Kinder zum Lachen zu bringen.

Wie aber haben sich Cornelius' Verzweiflungshandlungen entwickelt? Wie ist er in diese Sackgasse geraten? Begleiten wir den Jungen an den Ort des Leidens, die Schule. Wenn Cornelius ein Diktat oder eine Nachschrift von seiner Lehrerin mit freundlich-bedauerndem Blick zurückbekommt, lässt er diese Arbeit sofort verschwinden. Tapfer versucht er beim Anblick der Note Fünf oder gar der Sechs „cool" zu bleiben. Niemand soll merken, wie hilflos er sich fühlt, wie sehr er gekränkt ist. „Du musst mehr üben!", steht unter seiner Arbeit, und seine Mutter sitzt jeden Tag stundenlang mit ihm über den Hausaufgaben und lässt ihn noch zusätzlich täglich die Lernwörter schreiben. An Übung mangelt es nicht, und doch beschei-

Lernprobleme sind oft die Ursache für aggressives Verhalten.

nigt die nächste Lernzielkontrolle wieder Cornelius' Versagen. Verzweifelt sucht der Junge nach einer Erklärung und bemerkt schließlich verstohlen: „Ich habe eine Macke! Wahrscheinlich bin ich dumm! Warum kann ich nicht, was meine Mitschüler können?"

Auch von seinen Eltern und seiner Lehrerin hört Cornelius Erklärungen für sein Verhalten: „Du kannst dich nicht konzentrieren!" – „Du musst nur wollen!" Oder abwertend: „Du bist faul, bequem und verwöhnt!" Wenn Cornelius dann stöhnt und keine Lust mehr hat zum Lernen, wenn er in der Schule seinen „Frust" an den Mitschülern abreagiert, ihnen die Bleistifte oder das Lineal versteckt, sie zwickt und hämisch lacht, dann hört er: „Sei doch nicht so bockig und aggressiv."

Cornelius' Selbstgefühl nimmt immer mehr Botschaften auf, die wie schwarze Flecken sein Selbstbild überziehen. Lebensnotwendige Bedürfnisse wie Anerkennung und Bestätigung, Zugehörigkeit und Autonomie oder gar Liebe kann er immer weniger auf eine entwicklungsförderliche Weise befriedigen. Cornelius meint schließlich, dass er alles falsch macht und niemand ihn mag. Aber sein Selbst will überleben, wie das Selbst aller Menschen, und so verfällt Cornelius auf Verhaltensweisen, die entweder die Lebenswelt Schule immer kleiner werden lassen oder seinen Bedürfnissen kurzfristig Nahrung geben, ihn langfristig jedoch immer mehr ins Abseits treiben. Cornelius versteckt seine Noten und Hefte, er passt in der Schule nicht mehr auf, er zieht sein Interesse ab und findet die Schule einfach „doof". Schließlich erwartet er den Misserfolg, um nicht mehr enttäuscht zu werden: „Ich hab's ja gleich gewusst!" Am Ende dieser Skala von Verzweiflungshandlungen verlässt Cornelius morgens das Haus, treibt sich den Vormittag lang auf der Straße herum, oder er weigert sich lautstark, den Ort der Abwertung aufzusuchen: „Da geh ich nicht mehr hin!", ist sein Kommentar. Und kein noch so gutes Zureden bringt ihn von diesem „vernünftigen" Entschluss ab. Wer wollte sich auch jeden Morgen an einen Ort der Qual begeben ohne Möglichkeit, selbst die Initiative zu ergreifen und zu kündigen?

Alle diese Verhaltensweisen von Kindern mit einer Lese-Rechtschreibstörung sind Notsignale, sind Überlebensstrategien, um den täglichen Kränkungen zu entgehen und lebensnotwendige Entwicklungsmotive zu befriedigen und den psychischen Organismus zu schützen. Das Kind legt sozusagen eine Schwimmweste an, aus der die Luft immer mehr entweicht und die stattdessen, mit schwerem Blei gefüllt, das Kind stetig auf den Grund des aufgewühlten Meeres der Schulsorgen ziehen. Am Ende kann ausgesprochen oder unausgesprochen der Wunsch entstehen: Ich will nicht mehr leben!

Die Hilflosigkeit treibt das Kind in die Verzweiflung.

Das Ausmaß der Lernstörung einschätzen

Bevor wir uns in diagnostischer Absicht den Teufelskreisen einer Lernstörung zuwenden, die Kinder mit einer Lese-Rechtschreibstörung entwickeln, sollen noch einmal die Bedürfnisse von Schulkindern allgemein in den Blick genommen werden.

Wenn ein Kind in die Schule kommt, tut es einen ersten Schritt in dem lange andauernden Prozess der Ablösung vom Elternhaus. Das Entwicklungsmotiv „Autonomie" tritt zum ersten Mal in den Vordergrund, und das Kind will sich in der Schulwelt mit Gleichaltrigen messen, es ist lernbegierig und will Leistung erbringen und außerdem bei den Klassenkameraden beliebt sein. Wenn Cornelius nach einigen Jahren in der Schule „schein-cool" verkündet: „Schule ist mir scheißegal!", dann ist etwas Wichtiges passiert. Cornelius hat seine schulkindgemäße Absicht, etwas zu leisten und anerkannt zu werden, nicht verwirklichen können. Er schützt sein Selbst vor weiteren Verletzungen, indem er den Ort der Demütigung abwertet. Dieser Schutz, so belastend er im Laufe der Zeit in diesem Fall durch die immer größeren Kenntnislücken wird, ist sozusagen das Beste, was Cornelius' psychischem Organismus zur Bewahrung und zur Heilung seines Selbst „einfällt".

Will man das Ausmaß der Lernstörung eines Kindes einschätzen, dann sind dafür zwei wichtige Kriterien ausschlaggebend:

• die Anzahl wie auch die Qualität der abwertenden Erklärungen seiner hilflosen Bezugspersonen, die sich im Selbst des Kindes verankern,

• die Anzahl und die Art der Bewältigungsstrategien des Kindes in der schwierigen Situation des Versagens.

63

Wenn das Kind sich nur noch negativ sieht

Wenn nicht mehr zwischen schulischer Leistung und Persönlichkeit des Kindes unterschieden wird, wird das gesamte Selbstbild negativ.

Wenn Cornelius vorrangig hört, dass er sich nicht konzentrieren kann, was immer auch dieses Wort für ihn bedeuten mag, und wenn er selbst meint, dass er das Schreiben blöd findet, aber gute Leistungen in Mathematik bringt und außerdem noch super Eishockey spielen kann, dann hat die Lernstörung nur einen Teilbereich seiner Persönlichkeit erfasst. Sie ist sozusagen ein kleiner schwarzer Fleck auf seinem Selbstbild, der aber von anderen hellen Stellen bestrahlt und kompensiert wird. Cornelius' Wahrnehmung seiner Lebenswelt ist realitätsnah und nicht verzerrt. Hört Cornelius aber von seinen Eltern und seiner Lehrerin, dass er bockig ist, es an gutem Willen fehlen lässt, und beginnt er selbst, seine Noten zu Hause nicht mehr herzuzeigen, vergisst er seine Hausaufgaben und bezeichnet er sich selbst generell als dumm und wenig liebenswert, dann beginnt der schwarze Fleck wesentliche Teile seines Selbstbildes zu überschatten. Cornelius' Persönlichkeitsentwicklung beginnt zu stagnieren und seine Strategien zur Abwehr seiner Angst, die Art seiner Bewältigung, werden immer zerstörerischer. Cornelius versucht sowohl in Gedanken wie in seinen Handlungen den Ort des Versagens zu verlassen und seine Grundbedürfnisse nach Zuwendung und Anerkennung wenigstens kurzfristig zu befriedigen. Schließlich wird Cornelius in den Augen anderer und in seiner eigenen Einschätzung als leistungsschwach in der Schule und als verhaltensgestört in vielen Lebenssituationen bezeichnet.

Mit diesem Etikett kommen viele legasthenische Kinder in die schulpsychologische Beratung ebenso wie zur Therapie, wo es dann gilt, einen Hilfeplan zu entwerfen, der sowohl an den Kenntnislücken und den Leistungsdefiziten wie an den Persönlichkeitsproblemen des Kindes ansetzt.

Warum reine Trainingsmaßnahmen das Versagen verstärken

„Der Förderunterricht bringt doch überhaupt nichts!", meint die Mutter der neunjährigen Sabrina in einem Beratungsgespräch empört und verzweifelt zugleich. Eine Einschätzung, die sie mit vielen Eltern teilt. Von Sabrinas Lehrerin weiß ich aus einem Unterrichtsbesuch, dass sie sehr engagiert versucht, für ihre „Förder-Kinder" den Rechtschreibstoff vorzubereiten, den Kindern die Regeln zu erklären, und dass sie sich bemüht, durch viel Abwechslung deren Aufmerksamkeit aufrechtzuerhalten. Mit allem didaktischen und methodischen Wissen, freundlich und kompetent, übt sie mit ihren Schülern zuweilen auch die nächste Nachschrift. All dieser didaktische Aufwand, und kein Ergebnis! Das frustriert letztlich auch die Lehrerin. Warum haben noch so ausgefeilte Trainings einen so geringen Effekt?

Training bedeutet einfach: noch mehr von dem, bei dem das Kind nichts lernt.

Wenn Sabrina am Nachmittag den Förderunterricht besucht, muss sie zunächst ein großes Opfer bringen, nämlich eine Einschränkung ihrer Freizeit. Das bedeutet ein Schrumpfen der für ein Mädchen ihres Alters so wichtigen Spielzeit. Außerdem gehört sie nun für alle Klassenkameraden sichtbar zu den Kindern, die „etwas" nicht so gut können wie andere. Förderunterricht hat in der Schule meist einen geringen Stellenwert, ist er doch ein Unterricht, der nicht genügend Attraktives bietet, welches das Opfer und die Einschränkung aufwiegen könnte.

Was Sabrina am Nachmittag erwartet, ist genau das, was sie zur Genüge kennt und was ihre Fehlerzahl nicht verringert: mehr üben! Wenn Sabrina ihr Heft aufschlägt, hat sie nur noch einen Gedanken: Bloß weg hier! Da sie aber wie alle ihre Leidensgefährten weiß, dass es kein Entrinnen gibt, dass Förderunterricht sein muss, ist sie unbewusst bestrebt, den Ort der Erniedrigung so rasch wie möglich zu verlassen. Sie träumt sich in eine bessere und spannendere Welt und tut mechanisch so, als ob sie lerne. Ihr Nachbar dagegen kippelt mit dem Stuhl, bis dieser umfällt, und Pierre, ihr Vordermann, rennt ständig zum Papierkorb, um einen Bleistift zu spitzen.

Kinder sind sehr erfinderisch, um der Sinnlosigkeit eines Tuns zu entkommen, mit dem ihre Psyche nichts mehr zu tun haben will. Trainings bieten Kindern noch mehr von dem bitteren Gleichen, das sie bereits als ungenießbar erfahren haben. Auf diese Weise hat Rechtschreiben alsbald nichts mehr mit ihrer Person zu tun, sie halten sich diese kränkende Tätigkeit buchstäblich vom Leibe. Was aber kann helfen? Wie können Lehrer und Kinder dieser Falle entrinnen?

Alte Verhaltensweisen durchbrechen

Durch das Training fühlt das Kind sich bedroht, weil es wieder Versagen erwartet. Diese Konditionierung muss aufgelöst werden.

Nicht mehr schreiben wollen, kann auch als Konditionierung betrachtet werden, die in ihrem Ablauf gelernt wurde, um das Selbst vor weiteren Misserfolgen und Verletzungen zu schützen. Diese Einschätzung der emotionalen Situation von lese-rechtschreibschwachen Kindern taucht in diesem Buch in den verschiedensten Zusammenhängen immer wieder auf.

Wenn wir der Lernpsychologie folgen, kann davon ausgegangen werden, dass der Ablauf

Schreiben	→	Bedrohung	→	Flucht
Ich soll schreiben!		*Ich kann das nicht!*		*Bloß weg hier!*

gelernt wurde und die Verhaltenskette zunächst als „sinnvolles" Verhaltensmuster im Selbst des Kindes verankert ist. Hieraus folgt aber auch, dass dieses Muster auch verlernt werden kann. Dasselbe Muster gilt natürlich auch für das Lesen.

Die Intention des Lehrers im Unterricht und der Eltern zu Hause muss sich also in einem ersten Schritt darauf richten, diese dem Lernen abträgliche Verhaltensfolge aufzulösen und nicht, wie das in den meisten Förder- und Übungsstunden in der Schule und beim Üben zu Hause geschieht, sie zu zementieren.

Jedes Legastheietraining, und seien die Übungen noch so spielerisch verpackt, läuft in dieselbe Sackgasse: Das Kind fühlt sich bedroht und versucht, internal, d. h. innerlich, oder external, d. h. äußerlich, zu fliehen. Erst wenn es gelingt, Lesen und Schreiben wieder mit der Person des Kindes zu verknüpfen, es zu seinem Anliegen zu machen, kann das Kind wieder Kenntnisse erwerben.

Eine solche förderliche Verhaltenskette kann folgendermaßen aussehen:

66

Schreiben → Selbst-Gefühl → Zuwendung und Interesse
Ich soll schreiben! *Das hat etwas* *Ich probier's mal!*
 mit mir zu tun!

Auch wenn diese Kenntnisse lange Zeit nicht, bei manchen Kindern auch niemals, die Note verändern, sind doch die Qualen gelindert, die so viel emotionale Lernenergie auch in anderen Fächern binden. Die Beiträge von Vätern und Müttern aus einen Gesprächskreis für Eltern legasthenischer Kinder, der zusammen mit dem Förderunterricht an der Schule angeboten wird, sollen diese Tatsache verdeutlichen. Sie alle haben durch ihre veränderte Einstellung einen neuen Blick auf ihr Kind erhalten und sehen nun nicht mehr nur seine Defizite, sondern auch seine Fähigkeiten – dies wiederum stärkt das Kind.

Sieben Eltern sitzen erwartungsvoll im Kreis, fünf Mütter und zwei Väter. Manche ihrer Kinder haben zusätzlich zum Förderunterricht auch Einzeltherapie. Gefragt, was sie denn zu Hause beobachten, berichten die Eltern von sehr unterschiedlicher Wirkung der Förderung. Manche Eltern erzählen stolz, dass ihr Kind nun weniger Fehler mache. Andere dagegen meinen: „Die Note ist immer noch dieselbe, aber Mark mault nicht mehr ständig, wenn es ans Schreiben geht." Und eine Mutter sagt, dass Inge jetzt mutig zugibt, nicht gut Lesen und Rechtschreiben zu können, dass sie aber viel mehr von ihren Erfolgen in Mathematik und beim Flöten erzählt. „Das schwere Gewicht fällt irgendwie von ihr ab", schließt die Mutter ihren Beitrag. Alle sind sich einig, auf dem richtigen Weg zu sein.

Vom Förderunterricht oder der Therapie, die sinnlos verschwendete Zeit ist und doch nichts hilft, ist in keinem Elternbeitrag mehr die Rede. Genau das ist es, was wir durch unser Förderkonzept im nächsten Kapitel erreichen wollen.

Auf Seite 68 ist nochmals modellhaft dargestellt, welche Faktoren bei einem legasthenischen Kind zusammenwirken und sein Lernversagen bewirken können.

Psycho-emotional bedingtes Lernversagen – ein Modell

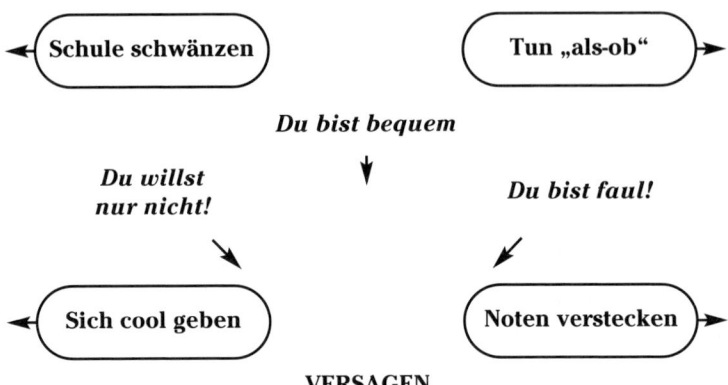

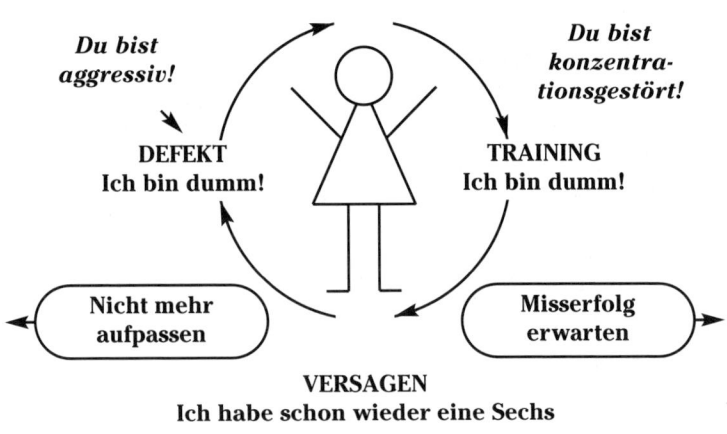

Worauf Eltern und Lehrer achten können

Für Eltern und für Lehrer

Konzentration

Mein Kind / mein Schüler / meine Schülerin

- ist rasch erschöpft
- ist aufmerksam nur bei Dingen, die ihm / ihr wichtig sind

Maxi kann einfach nicht aufmerksam sein!

Selbstbild

Mein Kind / mein Schüler / meine Schülerin

- kann gute Noten nicht mehr als eigene Leistung annehmen und macht den Zufall verantwortlich
- erwartet ständig Misserfolg
- kann keine Kritik ertragen und fühlt sich stets in seiner ganzen Person abgelehnt
- stellt sich vor, dass andere ihn / sie für „doof" halten

Maxi hält sich für dumm!

Verhalten

Maxi explodiert leicht und schiebt die Schuld auf andere!

Mein Kind
- zeigt heftige Ausbrüche von Verzweiflung
- findet keine Freunde
- berichtet detailliert, warum andere ihn / sie vom Lernen abhalten

Mein Schüler / meine Schülerin
- hat keine Frustrationstoleranz
- kommt in der Klasse nicht zurecht
- berichtet detailliert, warum andere ihn / sie vom Lernen abhalten

Maxi und die Schule

Am liebsten würde Maxi die Schule anzünden!

Mein Kind / mein Schüler / meine Schülerin
- wertet die Schule ab: „Schule ist doof!"
- gibt sich „super-cool"
- ist ein Meister im Überspielen und verbraucht viel Kraft, um sein Image aufrechtzuerhalten

Ein neues Förderkonzept

In diesem Kapitel lernen Sie Methoden kennen, durch welche die seelischen Verletzungen der lese-rechtschreibschwachen Kinder Linderung erfahren. Die Kinder lernen, Lesen und Rechtschreiben wieder als „ihr Ding" anzusehen, und ihre Bereitschaft zum Lesen und Schreiben wird geweckt. Dieses Förderkonzept lässt sich in der Schule und zu Hause durchführen.

Die Ziele der Förderung

Zunächst geht es darum, dem Kind Selbstwertgefühl zu vermitteln. Es soll erfahren: Ich bin etwas wert!

Das im Folgenden vorgestellte Förderkonzept setzt an verschiedenen Punkten an und umfasst damit verschiedene Zielsetzungen:

- Zunächst einmal geht es für das Kind darum, wertschätzend Kontakt zum eigenen Selbst herzustellen: Die Welt ist ein Stück schöner, weil es mich gibt.
- Daher haben verschiedene Übungen Platz, in denen Kinder ihrem Selbst, also ihren Vorstellungen, ihren Vorlieben, Ausdruck verleihen. In unserem ressourcenorientierten Vorgehen geht es um Fähigkeiten, nicht um Defizite.
- Da lese-rechtschreibschwache Kinder „kleine Chaoten" sind, brauchen sie viel Training, um ihre Selbstkontrolle zu erhöhen. Wir stellen Ihnen verschiedene Bausteine zur Selbststeuerung vor.
- Zum Schluss machen wir Sie bekannt mit dem Rechtschreibtraining, das sowohl die kreative Gestaltung von ausgewählten Begriffen wie den Einsatz einer Lernkartei, das Verfassen eigener Nachschriften und Geschichten, die Veranschaulichung von Problemen aus der Sprachlehre und Übungen zur Verbesserung der Lesefertigkeit umfasst.

Ein großer Teil der Übungen kann sowohl von den Eltern zu Hause als auch in der Schule durchgeführt werden; manche Trainingsbausteine können allerdings besser in einer von einem Lehrer geführten Gruppe umgesetzt werden.

Bevor nun die einzelnen Bausteine des Trainings vorgestellt werden, möchten wir noch kurz auf die unterschiedliche Anwendung solcher Übungen zu Hause und in der Schule eingehen. Wir stellen Ihnen eine Sammlung mit Übungen vor, welche auf der Kreativität und den Fähigkeiten der Kinder aufbauen, und die sich zunächst einmal in der Einzeltherapie und im Förderunterricht als äußerst hilfreich erwiesen haben. In unserer begleitenden Arbeit mit den Eltern ist bald deutlich geworden, dass viele Trainingsbausteine geeignet sind, auch die Beziehung zwischen Eltern und Kind zu entkrampfen und wieder Lebendigkeit und Nähe wachsen zu lassen. Andere dagegen haben die Schwierigkeiten zu Hause nur verstärkt, sodass wir heute von der Durchführung dieser Übungen im häuslichen Bereich abraten. Warum eine solche Unterscheidung? Wo liegen die Gründe?

Mit den Eltern oder mit einem Therapeuten üben?

Die Eltern sind für ein Kind die wichtigsten Bezugspersonen. Jedes Kind ist existenziell auf seine Eltern angewiesen. Niemand liebt deshalb so bedingungslos wie Kinder. Den Eltern nicht so viel Freude machen zu können, wie sie sich wünschen, ist für Kinder nicht nur schmerzlich, sondern macht ihnen auch Angst. Mit ihrem Widerstand retten sich diese Kinder aus ihrer Angst, und sie wollen das schmerzliche Thema von zu Hause fern halten. Manche unserer Übungen erzeugen eine Intimität und Nähe, die diesem Fernhalten zuwiderläuft. Außerdem möchte kein Kind seine Eltern mit deren Verzweiflungsverhalten konfrontieren, das den Druck nur verstärkt. Und wenn Kinder sich im Gespräch, in Gebilden kreativen Tuns entlasten, dann sind ja oft die Eltern die Mit-Auslöser des Elends, sind also die Menschen, die dem Kind „wohlmeinend" nicht helfen, sondern es noch mehr belasten.

Manchmal besteht die Gefahr, dass gemeinsames Üben die Eltern-Kind-Beziehung stark belastet.

Ganz anders in der Einzeltherapie oder in der Kindergruppe. Das Kind weiß sehr bald, dass der Therapeut oder die Therapeutin sich mit ihm verbünden und verschwiegen sind oder wenigstens fragen, ob sie dieses oder jenes den Eltern erzählen dürfen. Und in der Kindergruppe gibt es die Leidensgenossen, die sehr wohl wissen, wie es ist, als lese-rechtschreibschwaches Kind durch die Schule zu gehen. Die Kinder können einander ihre Befindlichkeit sehr bald offenbaren und fungieren in ihrem Verstehen auch als Co-Therapeuten und stärken einander.

Im Text finden Eltern Hinweise, welche Übung zu Hause nicht eingesetzt werden sollte und wenn, wie diese ein wenig verfremdet werden kann und dadurch nicht so gewichtig einherkommt. Vor allem wahre oder erfundene Geschichten aus der eigenen Kindheitsgeschichte, als Angebot formuliert, schaffen diesen Abstand. Dennoch halten wir es für sehr wichtig, Eltern und Lehrern dasselbe Trainingsprogramm anzubieten. Eltern können sich dann besser in ihr Kind einfühlen und erhalten auch Einblick darüber, was sie von einer guten Einzeltherapie und einem ebensolchen Förderunterricht erwarten können. Lehrer und Lehrerinnen dagegen finden Hilfen, wie sie zusammen mit Eltern die häusliche Übung anleiten, was dabei förderlich ist und was eher vermieden werden sollte.

Was wir Ihnen vorstellen ist eine ganzheitliche Methode – im Gegensatz zu einem die Persönlichkeit ausklammernden Übungsprogramm. Wir würdigen die Persönlichkeit des Kindes und sie bekommt in der Therapie und im Förderunterricht ihren Raum.

Wie Lesen und Schreiben wieder ins Leben der Kinder treten können

Soll Rechtschreibförderung erfolgreich sein, muss der Kontakt zum eigenen Selbst als Kern der Persönlichkeit, der achtsames Wahrnehmen, förderliche Emotionen und sinnvolles Tun umfasst, wiederhergestellt werden.

Benedikt besucht die dritte Klasse einer Grundschule. Er wird an der Beratungsstelle angemeldet, weil die Lehrerin sich beklagt, dass seine Texte kaum zu lesen sind, und die Mutter meint: „Ich kann ihn nur mit Mühe dazu bewegen, Hausaufgaben zu machen!" Sitzt er endlich, versucht er, den geforderten Text so schnell wie möglich zu Papier zu bringen. Leider höchst mangelhaft! Dann reißt seine Mutter die Blätter wieder aus dem Heft und die leidigen Hausaufgaben enden in einem Kampf zwischen Benedikt und seiner Mutter, die sich von der Schule in die Verantwortung genommen fühlt. Gefragt, was Benedikt in der Schule gern tut, meint er strahlend: „Heimat- und Sachkunde, da bin ich echt super!" Und im Zeugnis steht, dass Benedikt sich eifrig am mündlichen Unterricht beteiligt und über einen großen Wortschatz verfügt.

Benedikt hat die Hoffnung aufgegeben, richtig schreiben zu lernen. Noch ist sein Defizit auf das Schreiben begrenzt und überschattet nicht die anderen Fähigkeiten des Jungen. Da er in der Schule und für die Schule schreiben muss, versucht auch er etwas sehr Vernünftiges – er bemüht sich, die belastende Aufgabe so schnell wie möglich hinter sich zu bringen. Achtsam zu schreiben oder das Geschriebene gar noch einmal durchzulesen, darauf verzichtet Benedikt. Hat er doch oft genug schmerzlich erfahren, dass eine solche Mühe sich nicht lohnt. Schreiben ist zu einer lästigen Pflicht geworden, die mit Benedikt als Person nur noch wenig gemein hat.

Wie viele rechtschreibschwache Kinder hat auch Benedikt nur noch ein sehr verschwommenes Selbstbild. Als er im Förderunterricht aufgefordert wird, das Hilfszeitwort „sein" zu konjugieren, beginnt er: „Du bist ... ich bin ... er ist ..." Auf die ungewöhnliche Reihenfolge aufmerksam gemacht, meint er: „Was macht denn das für einen Unterschied!" Nicht nur Benedikt macht diesen Fehler, der aufmerksame Lehrer wird solchen Ich-Du-Verschiebungen im Förderunterricht immer wieder begegnen.

Der Kontakt zum eigenen Selbst

Der Kontakt zum eigenen Selbst kann nicht durch Übungen hergestellt werden, in denen den Kindern „noch mehr von dem schmerzlichen Selben" geboten wird, sondern muss an ihren Potenzialen und den heilen Bereichen ihrer Persönlichkeit ansetzen. Dabei helfen Fragen wie:

Das Kind muss erfahren, was es alles gut kann.

- Wann fühle ich mich wohl?
- Was kann ich gut?
- Bei welchen Tätigkeiten kann ich durchhalten und mich ohne Probleme konzentrieren?
- Wann fällt mir das Lernen leicht?

> Bei jeder häuslichen Übung ebenso wie am Beginn oder im Laufe jeder Förderstunde muss immer die eigene Persönlichkeit mit ihren Fähigkeiten und Ressourcen im Mittelpunkt stehen. Wir sprechen darüber, was jeden von uns zu etwas Besonderem macht.

Solche Gespräche gehören zum Bereich der ressourcenorientierten Pädagogik, wie sie auch in neuen Schulentwicklungsprojekten praktiziert wird, wo es um die „Schatztruhe der Ressourcen" der Lehrer geht. Aber auch zu Hause kann darüber gesprochen werden, was jeder von uns gut kann. Solche Gespräche sind wie eine Suche nach Schätzen, die allmählich vom Schutt schulischer Niederlagen freigeschaufelt werden. Im Laufe der Zeit verschiebt sich der Schwer-

Keineswegs sollte man Kindern beliebte Freizeitaktivitäten streichen, um mehr zu üben.

punkt im Sinne von „weg von den schwarzen Löchern" hin zu den „besonnten Landschaften". Eltern und Lehrer entwickeln eine Haltung, welche die Kinder in ihrem „Expertentum" sieht und betrachtet.

Bei Kindern mit Problemen im Lesen und Rechtschreiben ist es besonders wichtig, dass sie außerhalb der Schule in ihrer Freizeit Inseln kennen, in denen sie etwas leisten und sich heil und gut fühlen. Es ist also wenig zu begrüßen, diesen Kindern erfolgreiche Freizeitaktivitäten zu streichen, um mehr Zeit für das häusliche Üben zu gewinnen.

Viele der lese-rechtschreibschwachen Kinder erleben sich in solchen Gesprächen das erste Mal seit Jahren wieder als lebendig und heil. Hierzu einige Anregungen:

Die Identifikation mit starken Tieren verleiht Kindern Kraft.

- **Ich bin so schnell wie ein Gepard**
  Bildkarten von Tieren, z. B. aus Kartenspielen, können einladen, sich mit den Fähigkeiten des Helfertieres zu identifizieren. Man kann aber auch von den Indianern erzählen, bei denen jedes Kind sich ein Helfertier aussuchen konnte, das ihm beispringt, um mit den vielen Gefahren des Lebens fertig zu werden.

Erwartungsvoll sitzen die fünf Kinder des Förderunterrichts auf dem Boden. In der Mitte liegen Bilder von Tieren. Jedes Kind sucht sich ein Bild und spricht dann in der Rolle des Tieres:
- *Sebastian: „Ich bin ein Gepard, weil ich sehr schnell laufen kann."*
- *Maria: „Ich bin eine Maus, weil ich mich beim Völkerball so klein machen kann, dass der Ball an mir vorbeisaust."*
- *Severin: „Ich bin ein Hase, weil ich beim Fußball irre Haken schlagen kann."*

Natürlich kann man auch in einer Fantasie- oder Traumreise das Helfertier finden. Die Tiere mit ihren Fähigkeiten können auf die verschiedenste Weise in der Arbeit mit kreativen Medien konkretisiert und festgehalten werden: beim Malen, Tonen oder bei Pantomime. Und Bildkarten haben auch zu Hause ihren Platz.

- **Die Welt ist ein wenig reicher, weil es mich gibt**
  Die tollen „Dinge", die jeder im Gespräch bei sich gefunden hat, können den anderen auch durch eine typische Bewegung vorgeführt werden:
- Was ist mir besonders wichtig?
- Was mag ich an mir?
- Mit welcher Bewegung oder Haltung kann ich etwas Unverwechselbares von mir ausdrücken?
  Am Ende steht dann die Affirmation: „Die Welt ist ein Stück schöner, weil es mich gibt."

- **Heute ist ein schöner Tag**
  Affirmationen können auch aus einer Wunderbüchse als Lose gezogen werden. Am Computer lassen sich Listen mit solchen Bestätigungen schreiben, die dann auseinander geschnitten und in einer Schale auf einer bunten Papierserviette angeboten werden, aus der die Kinder sich ihre Losung für den jeweiligen Tag aussuchen. Wichtig ist, dass solche Affirmationen immer positiv formuliert werden, z. B. nicht „Ich habe keine Angst mehr", sondern „Ich bin mutig und cool." Hier einige Beispiele:

Affirmationen stärken das Kind in seinen Fähigkeiten.

  - Viele Menschen mögen mich. Ich bin liebenswert.
  - Ich habe Mut und Zuversicht.
  - Mein Selbstvertrauen öffnet die Herzen der Menschen, die ich mag.
  - Manchmal fällt mir das Lernen leicht.
  Die Wunderdose enthält aber auch „Mutsprüche":
  - Mit Mut geht's heute gut.
  - Frisch und wach wie ein Fisch im Bach.
  - Ruhig und still geht's, wie ich will.

Bei bevorstehenden Schulaufgaben können sich die Eltern mit ihren Kindern eine stützende Affirmation aussuchen oder neu überlegen. Die Kinder können ihre Losung mit uns teilen oder an diesem Tag aufmerksam beobachten, ob es nicht einen „kleinen Augenblick" gibt, an dem die Affirmation sich ereignet: Die Mama kocht mein Lieblingsessen, ich schieße ein Tor ...

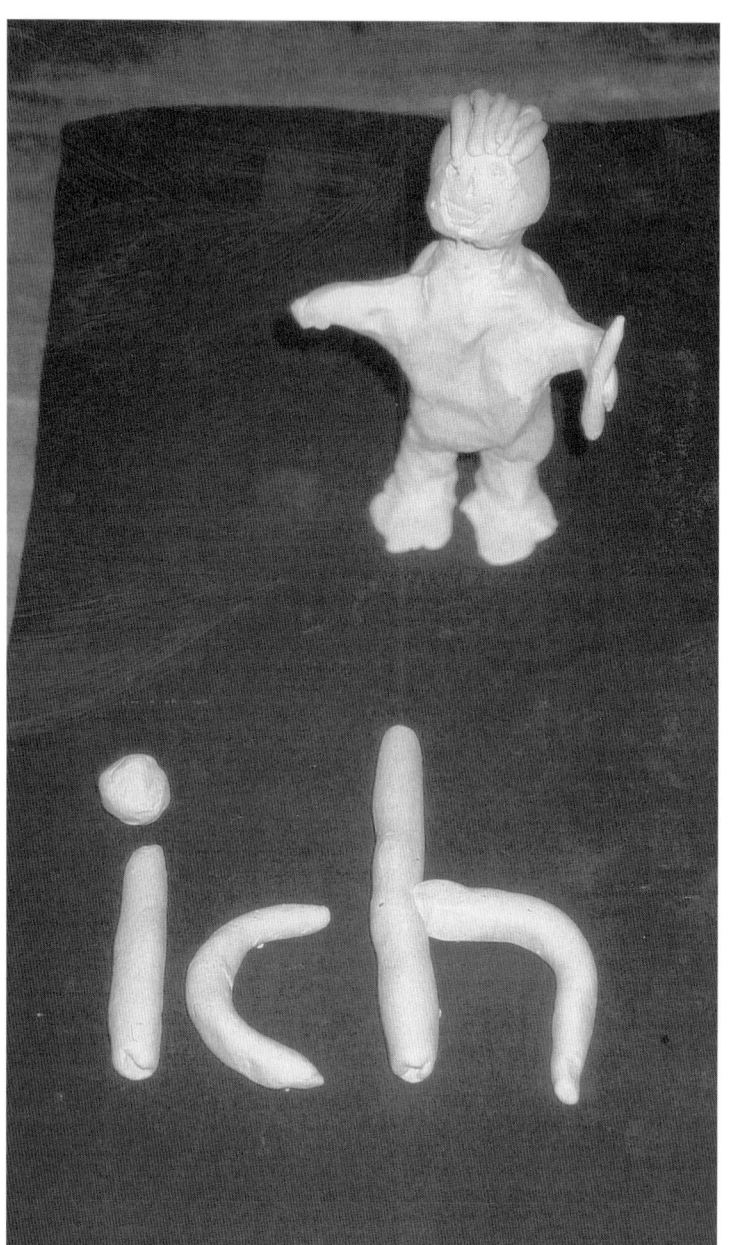

Gestalterisches Tun schafft Kontakt zum eigenen Körper und den Gefühlen.

- **Dieses kleine „Ich bin Ich"**
  Als seine Figur fertig ist, verkündet Ferdinand stolz: „Ich bin Linkshänder!" In dieser Zeit hatte er eine Menge Probleme in der Schule. Das Lesen von Texten bereitete ihm große Schwierigkeiten, und alles Schriftliche versuchte er zu vermeiden. „Was Schlimmeres als schreiben kann ich mir nicht vorstellen!", ist sein verzweifelter Kommentar. Dass Ferdinand immer noch zu sich stehen kann, verdankt er vornehmlich seinen Erfolgen im Sport, die von seinen Eltern sehr gewürdigt werden.

Durch den gestalterischen Prozess, z. B. eine plastische Figur von sich selbst zu schaffen, erleben sich Kinder intensiv als eigenständige Person. Die Kinder bekommen auf diese Weise Kontakt zu ihrem Körper und ihren Gefühlen. Bei später modellierten „inneren Bildern" zu Worten und Begriffen ist es immer wichtig, sich selbst, die eigene Figur ins Bild zu bringen, um auf diese Weise die Verbindung zwischen Schreiben und dem eigenen Selbst wiederherzustellen.

Kreativitätsförderung – ein neuer Weg zum Lernen

Ein wichtiger Baustein in unserem Förderkonzept ist die Nutzung der Begabung so mancher legasthenischer Kinder, in Bildern zu denken und zu lernen. Und legasthenische Kinder, bei denen diese Fähigkeit nicht stark ausgeprägt ist, greifen, wenn sie die Grundschule besuchen, auf die besondere Visualisierungsfähigkeit ihrer Altersstufe zurück. Unter den Kindern im Lese- Rechtschreibförderunterricht sind viele Träumer, die sich an ihre Lern- und Lebenswelt ankoppeln, wenn die verschwommenen Bilder aus ihren Traumlandschaften ins Konkrete, Fassbare gebracht werden. Fühlen sie sich doch immer wieder verkannt mit all ihren fantastischen Ideen, die sie oft bis ins kleinste Detail vor ihrem inneren Auge sehen. Durch den gestalterischen Prozess kommen diese Kinder in Kontakt mit sich selbst und bauen sich eine Brücke, um ihre Ideen in die Welt zu bringen. So werden Worte nicht nur geschrieben und die Regeln der deutschen Spra-

Hilfreich ist es, die Kinder in ihrer Bilderwelt und ihrer Fantasie „abzuholen".

che übermittelt, die Schriftzeichen werden nicht nur mit Knete geformt, sondern die Begriffe werden auch in ihrer subjektiven Bedeutung dargestellt. Auf diese Weise ins Konkrete gebracht, dienen die dargestellten Worte auch zur psycho-emotionalen Entlastung.

Die Bilder, welche die Kinder in der Förderstunde und in eingeschränkter Weise auch zu Hause zu den Wortbedeutungen kneten, sind geprägt von ihrer Lebenssituation, und die aktuellen emotionalen Belastungen spiegeln sich in ihren Darstellungen wider. Diese Vorgehensweise hat Ähnlichkeit damit, wie Kinder in spieltherapeutischen Stunden ihre Konflikte ausdrücken.

Auf spielerische Weise fließen im Förderunterricht subjektive Inhalte in die Gestaltungen ein und finden ein Ventil. Therapeutische Elemente als wichtigste Voraussetzung für einen gelingenden Förderunterricht werden auf diese Weise pädagogisch-didaktisch integriert. Das ist auch der Grund, warum wir vorschlagen, emotional belastete Begriffe, wie z. B. Enttäuschung oder Traurigkeit, nicht zu Hause kneten zu lassen. Kinder wollen ihre Eltern nicht belasten und weichen dann eher aus. Anders ist es mit neutralen Begriffen, die wir noch vorstellen (siehe S. 84 f.). Aber der Förderunterricht oder auch die therapeutische Einzelstunde ist ein guter Ort für solche Darstellungen mit Entlastungsfunktion. Wir wenden uns deshalb im folgenden Absatz an Lehrer und Lehrerinnen ebenso wie an Therapeuten und Therapeutinnen.

Der Förderunterricht

Der Förderunterricht setzt immer eine personenzentrierte, wertschätzende Haltung des Therapeuten bzw. des Lehrers voraus.

Um dieses didaktische Konzept im Förderunterricht durchzuführen, bedarf es keiner therapeutischen Ausbildung. Voraussetzung ist allerdings eine personenzentrierte, wertschätzende Haltung, die nicht urteilt – so wie sie jeder Lehrer / jede Lehrerin auch im regulären Unterricht in bestimmten Situationen praktiziert. Personenzentriertes Eingehen auf Schüler ist im Unterricht immer dann gefragt, wenn es um Selbst-Ausdruck von Kindern geht: beim Rollenspiel, beim Besprechen von subjektiv Erlebtem, bei Fantasiereisen, beim Malen nach Musik usw. Hier steht nie ein „Besser" oder „Schlechter" im Vordergrund, hier regiert nur die emotional wertschätzende Neugierde des Erziehers, das Ausgedrückte zu verstehen.

Aber zurück zum Kneten von Wörtern und ihrer Bedeutung. Auf sprachlicher Ebene bekommt das oft in Bildern denkende legasthenische Kind durch die Gestaltung eine geschlossene Vorstellung des Wortbildes. Diese Vorstellung kann es dann in seinen Denkprozess einbauen. Durch das erst geistig vorgestellte und dann konkret dreidimensional in Knete umgesetzte mentale Bild wird das Wort begreifbar. Es braucht kaum erwähnt werden, dass durch die Arbeit mit plastischem Material eine Verknüpfung des Gelernten mit den sinnlichen Wahrnehmungssystemen (20) stattfindet sowie die Fingerfertigkeit beider Hände gefördert wird. Kinder, die gewohnt sind, klare bildhafte oder gefühlsmäßige Vorstellungen in eine konkrete Form zu bringen, ihre Bilder also taktil auszudrücken, werden befähigt, ein den tiefen Sinn erfassendes Sprachverständnis zu entwickeln und die Sprache für sich selbst neu zu entdecken. Veranschaulichen wir das Vorgestellte an einem Bericht meiner ersten Förderstunde.

Die erste Stunde im Förderunterricht

Die Kinder aus zwei dritten Klassen wissen nur: Da wird etwas Neues passieren! Aber auch ich bin gespannt: Wie weit kann ich mein in der Einzelförderung erprobtes Konzept in diesem Setting realisieren? Mit diesen Erwartungen treffen wir uns, neugierig aufeinander, aber auch etwas „angemüdet", zum Nachmittagsunterricht. Nach der Vorstellungsrunde will ich die Erwartungen der Kinder auf sicheren Boden stellen: „In diesem Förderunterricht werden wir viel mit unserer Fantasie arbeiten. Ihr werdet kneten, malen, Geschichten schreiben und natürlich auch Rechtschreibregeln lernen."

Mein Lieblingsspielzeug beschreiben

Um den Bezug zu einem positiv besetzten Objekt aus der Lebenswelt der Kinder herzustellen und einen Eindruck zu bekommen, wie stark die Imaginationsfähigkeit der Kinder ist, fordere ich sie auf, mir ihr Lieblingsspielzeug zu beschreiben. An ihrem Gesichtsausdruck, ihren Augen und der freudig detaillierten Beschreibung kann ich erkennen, dass ihr Interesse geweckt ist. Ich sehe aber auch, wie stark ihre Visualisierungsfähigkeit ist. Ich fahre fort: „Diese Fähig-

Die Kinder sollen für ihre Fantasie sensibilisiert werden.

keit, euch Sachen so genau vorzustellen, vielleicht auch ganze Fantasiegeschichten auszumalen, haben alle Erfinder und Künstler. Fantasie braucht man für große Erfindungen, um Geschichten zu schreiben oder Bilder zu malen. Viele von euch gehören zu den Menschen, die diese Begabung haben. Irgendwo in eurem Kopf gibt es so etwas wie eine innere Leinwand, auf der ihr eure Fantasiebilder und -geschichten gut sehen könnt." Für besonders Wissbegierige füge ich manchmal hinzu, dass es Menschen gibt, die mehr in Worten denken, und andere, die mehr in Bildern denken.

Dem Wort „Spannung" Ausdruck geben

Die Kinder werden angeleitet, ihren inneren Bildern mit Knete eine äußere Form zu geben.

Mehrere gespannte Augenpaare blicken mich an, und ich entschließe mich, diese Stimmung des interessierten Gespannt-Seins aufzugreifen und sage: „Na, ihr seid jetzt alle sehr gespannt?" Allgemeines Nicken. Währenddessen schreibe ich das Wort „Spannung" an die Tafel und frage: „Was ist das – Spannung?" Die Kinder antworten mit einer Fülle von Erlebnissen, in denen sie gespannt waren oder in denen es um Spannung ging. Abschließend lese ich noch die genaue Bedeutungserklärung des Begriffs aus dem Duden vor, und die Kinder formulieren Sätze zu dem Begriff „Spannung".

„Jeder von euch hat jetzt eine Vorstellung, ein Bild, bei dem Wort Spannung. Als Nächstes werdet ihr euer Bild für Spannung mit Knete gestalten." Nach dem Austeilen der Brettchen, der Knete und einigen Hinweisen über die Arbeit mit Knete beginnen die Kinder, ihre Ideen zu modellieren. Sie kämpfen sichtlich und mühen sich, ihre inneren Bilder in eine Form zu bringen. Während des Modellierens herrscht eine konzentrierte Stimmung. Schließlich formen sie das Wort aus Buchstaben und setzen es unter ihr Modell. Nach dieser kreativen Schaffensphase führe ich eine „Achtungsregel" ein. „Jeder von euch hat etwas geleistet und sich bemüht, sein inneres Bild zu gestalten. Dabei kann es nichts Falsches geben, denn jeder ist Experte für sich selbst. Deshalb wird niemand kritisiert oder gar ausgelacht. Es ist immer sehr mutig, etwas Neues auszuprobieren." Die Kinder stellen nun ihre Arbeiten vor und erklären ihr Wortbild.

Ich möchte Ihnen hier zwei Arbeiten aus dieser ersten Stunde vorstellen.

Volkan oder der Würfel fällt: Für Volkan ist das Würfelspiel mit besonderer Spannung verbunden, sodass er einen fallenden Würfel dargestellt hat.

Christian oder die wankenden Säulen von Kreta: Christian stellt Säulen in einer spannungsvollen Situation dar und verarbeitet damit Ferieneindrücke von der Insel Kreta. Es fällt auf, wie genau Christian seine Umgebung wahrgenommen hat.

Die Arbeiten von Christian und Volkan zeigen ein hohes Niveau an Abstraktionsfähigkeit, das sie in schriftlichen Arbeiten im Unterricht nicht zum Ausdruck bringen können.

Von meiner inneren Leinwand ablesen
Um das Wort im Gedächtnis zu verankern, fordere ich nun jedes Kind auf, mit ganzer Aufmerksamkeit das Gestaltete und das darunter stehende Wort genau zu betrachten, und bitte dann die Schüler, die Augen zu schließen und das Gesamtbild, Gestaltetes und Benennung, auf ihrer inneren Leinwand, ihrem Computerschirm, zu sehen. Anschließend werden sie aufgefordert – immer noch mit geschlossenen Augen –, die Buchstaben vor- und rückwärts abzulesen. Die Schüler spüren, welche Anstrengung die Aufgabe bereitet, und zollen einander uneingeschränkten Respekt für diese Leistung.

Was ich über „Spannung" aufschreiben will
Nach dieser intensiven Arbeit ist noch kurz Zeit, ein paar Sätze zu dem Begriff „Spannung" aufzuschreiben. Diese sinnvolle Verbindung von plastischem Gestalten mit dem entsprechenden Wort wurde von R. Davis (siehe S. 50 ff.) entwickelt, allerdings ohne die psycho-emotionale Befindlichkeit des Kindes zu berücksichtigen.

Das neue Lerntraining zu Hause

Es schafft Beziehung, wenn Eltern und Kind zu Hause gemeinsam kreativ sind.

Genauso wie mit dem Wort „Spannung" im Förderunterricht umgegangen wurde, kann zu Hause ein für Kinder besonders schwieriges oder emotional wichtiges, jedoch nicht belastetes Wort aufgegriffen werden. Empfehlenswert ist, dass die Eltern mitmachen. Beim anschließenden Gespräch lernen Eltern und Kinder sich „neu und anders kennen". Solche gestalterischen Übungen eignen sich gut für ein verregnetes Wochenende, wo Sie sich in Ruhe mit Ihrem Kind zusammensetzen und gemeinsam über das Wort nachdenken und es beide mit Knete ins Bild bringen können. Dieses Zusammensein und das gemeinsame Erarbeiten bereitet nicht nur Freude, sondern schafft Beziehung im Erleben des kreativen Prozesses, in dem es kein „Richtig" oder „Falsch" gibt, sondern nur den individuellen Ausdruck. Anders als die mit Rot übersäten Hefte können solche Produkte vorgezeigt werden und das Kind erhält die so schmerzlich vermisste soziale Anerkennung.

> Gemeinsames Gestalten ist ein Weg, um die im Teufelskreis „Lernstörungen" sich verstärkenden Spannungen zu verringern, und das Erfolgserlebnis aller Beteiligten ist garantiert.

Von der Quelle motivierten Tuns

Grundlegendes Element unserer ressourcenorientierten Arbeit ist es, mit den Fähigkeiten der Schüler Motivation und neue Lernstrukturen aufzubauen. Dieser Anspruch kann genauso zu Hause wie in der Schule umgesetzt werden. Im Folgenden wird vom Motivationsverlauf in einer vierten Klasse berichtet.

Motivation ist Grundvoraussetzung erfolgreichen Lernens.

Wir halten es für sehr wichtig, den Kindern die Quelle ihrer eigenen Motivation bewusst zu machen. Genügend Motivation zu schaffen und den Unterricht hindurch aufrechtzuerhalten, ist die hohe Kunst der Schule. Bei den verschiedensten Lerninhalten soll sie in möglichst abwechslungsreicher Form erhalten bleiben.

Der abstrakte Begriff der Motivation soll nun bei Schülern eines vierten Schuljahres thematisiert werden. Wichtig ist dabei, dass die Schüler die eigene Quelle ihrer Motivation entdecken und erfahren, welche Antriebskräfte damit verbunden sind.

Der Stundenaufbau

Die Stunde beginne ich mit einem Gespräch, in dem ich von Helli Hansen erzähle, der wieder ein Fahrradrennen gewonnen hat. Ich berichte, wie intensiv er dafür trainiert hat. Helli Hansen muss einen Grund dafür haben, warum er sich so ungeheuer anstrengt und auf viele andere Dinge verzichtet.

Motivation bedeutet, etwas mit ganzer Kraft zu tun.

Spontan kommt von den Schülern: „Klar, er will gewinnen!" Erwachsene nennen das Motivation.

Ich schreibe das komplizierte Zauberwort Motivation an die Tafel oder mit dicken Filzstiften auf ein Papier im DIN-A-3-Format. Wenn Helli Hansen gewinnen will, setzt er alle seine Kräfte ein. Da ich von zwei Jungen weiß, dass sie begeisterte Fußballer sind, lenke ich das Gespräch auf die persönliche Ebene: „Wie ist das denn bei dir, Martin, wenn du ins Fußballtraining gehst? Ermahnt dich deine Mutter, es wird Zeit, pack deine Sachen zusammen, du musst jetzt gehen?" Empört erklärt Martin: „Das mache ich schon selber!", und Thomas fällt ein: „Das macht doch Spaß, da streng' ich mich immer an!" Sabine erklärt, wie wichtig ihr das Handballtraining ist, und Zerkan berichtet von seinem unermüdlichen Üben mit den Rollerblades.

Ich spiegele die Berichte, fasse sie mit meinen Worten noch einmal zusammen und fahre fort: „Ihr übt und trainiert alle, ohne dass euch einer sagt, dass ihr das jetzt machen müsst." Und wieder kommentiert ein Kind: „Aber das macht doch einfach Spaß!"

Das greife ich auf: „Ihr seid hoch motiviert und strengt euch an, wenn euch an einer Sache viel liegt. Bei allem, was euch Freude macht, fällt euch jede Anstrengung leicht. Zu Beginn unseres Förderunterrichts habe ich euch aufgefordert zu überlegen, was wohl euer Motor ist, der euch so viel Kraft gibt."

Zögernd meldet sich Sabine, die oft unsicher ist, ob sie nicht etwas Falsches sagt: „Ich habe mich die ganze Zeit so gefreut, dass ich jetzt in dieser Gruppe mitmachen darf."

„Nun bin ich aber neugierig", fahre ich fort, „ob es auch hier im Förderunterricht etwas gibt, das euch Freude bereitet." Zur Antwort bekomme ich, dass kneten, malen, einen Comic zeichnen Spaß machen. Zerkan meint abschließend, dass es eigentlich auch ganz schön sei, eine Fantasiegeschichte zu schreiben.

Alle genannten Tätigkeiten sind spielerischer Art; sie haben etwas mit der Persönlichkeit und der Lebenswelt der Kinder zu tun und bringen ihnen Erfolge. Diese Kinder, die im Unterricht oft so unmotiviert erscheinen, werden für Lerninhalte erreichbar, sobald diese mit ihrem kreativen Potenzial verknüpft werden. Zwei Beispiele sollen dies veranschaulichen:

Mein Energie-Motor ist wie eine Sonne: Die elfjährige Ann-Simone hat sich im Spiel mit ihrer Freundin modelliert. Als Motor ihrer Antriebskraft „Freude" hat sie die Sonne gewählt, das größte mit Energie geladene Symbol (siehe Abbildung auf S. 87 oben).

Mein Energie-Motor ist der Fußballpokal: Maxis Motivation ist bestimmt durch sein Denken an den Erfolg und den damit verbundenen Gewinn, den Fußballpokal. Sein Modell zeigt ihn und einen anderen Jungen aus seinem Fußballverein. Beide sitzen in Erwartung des bevorstehenden Spiels auf einer Bank. Vor Maxis geistigem Auge steht groß und eindrucksvoll der Pokal, den er erringen will.

*Die Aufforderung,
etwas ganz Neues
zu schaffen, verleiht
Motivation.*

Eine Übung, besonders auch für den Beginn des Trainings zu Hause ebenso wie für den Unterricht, ist das Erfinden neuer, höchst individueller Wörter. Begonnen werden kann mit dem Satz: „Du darfst dir heute etwas ausdenken und modellieren, was es noch nicht gibt." Die einzige Bedingung ist: „Dieses Etwas, das du jetzt aus Knete gestalten wirst, darf es noch nicht geben. Es muss etwas völlig Neues sein. Das kann z. B. eine fantastische Maschine sein, oder du gestaltest einen Wunsch, in dem du dir etwas erschaffst, was du schon immer haben wolltest. Vielleicht willst du auch ein ganz besonderes Fabeltier gestalten. So etwas ganz Neues muss natürlich auch einen neuen Namen bekommen. Du wirst dazu auch ein neues Wort erfinden, ein Wort, das es ebenfalls noch nicht gibt."

Nachdem die Kinder ihre Ideen in konkrete Formen gebracht haben, staunen sie über die fantasievollen Gebilde, die nun vor ihnen stehen. Vor jedes der kleinen Modelle haben sie ihr selbst erdachtes Wort aus gekneteten Buchstaben gelegt.

Xsomon – ein neues Sportstadion: Stefan liebt Sport und er liebt es, sich kühne Konstruktionen auszudenken. In diesem kleinen Modell bringt er beides zusammen. Es ist ein neues Sportstadion, in dem alle Sportarten Platz finden sollen.

Neben dem motivierenden, freien Umgang mit Buchstaben und Worten kann mit Hilfe der folgenden Übung das Entstehen von Sprachkonventionen einsichtig gemacht werden. Man kann den Kindern erklären: Viele Wörter fangen mit einer Idee, einer Vorstellung im Kopf an. Hier ein Beispiel:

„Vor über hundert Jahren lebte ein Mann, der die Idee zu einem sich selbst antreibenden Fahrzeug hatte. Reinhard Daimler hat ein Fahrzeug konstruiert und dieser Erfindung den Namen Automobil gegeben. Danach begann er, den Leuten die Bedeutung und die Möglichkeiten seiner Erfindung zu erklären, so lange, bis alle gewusst haben, was ein Automobil, ein Auto, ist. Genauso wie das Kind erst eine Idee, eine Vorstellung gehabt hat, sie dann in Knete geformt, sich einen Namen überlegt und anschließend die Bedeutung erklärt hat. Wir wissen nun, was ein Xsomon ist, und können uns darüber unterhalten."

Wie Kinder Kontrolle gewinnen und ihre Selbststeuerung schulen

Kinder, die am Förderunterricht teilnehmen oder zur Therapiestunde kommen, haben meist ihre Kontrollmächtigkeit eingebüßt. Allzu oft haben sie erfahren, dass all ihr Einsatz, all ihre Anstrengung nichts nützen. Der Verlust des Gefühls, selbst etwas bewirken zu können, hat sie hilflos zurückgelassen. So wie sie von sich selbst nichts mehr erwarten, so erwarten sie auch vom Unterricht oder gar den Hausaufgaben nichts mehr. Im günstigsten Fall sind davon nur der Deutschunterricht und zu Hause das Lesen und/oder Schreiben betroffen. Im Folgenden werden Übungen beschrieben, die den Kindern die Kontrolle über ihr Lernen wieder zurückgeben sollen.

Viele legasthene Kinder haben aufgegeben, erwarten von sich und dem Unterricht überhaupt nichts mehr.

Von der Lust, präsent zu sein
In einer Austauschrunde der Eltern von Kindern in Legasthenietherapie gibt es eine „Klagerunde". Die Eltern haben Gelegenheit, sich von der Seele zu reden, was sie im täglichen Leben mit ihren legasthenischen Kindern am meisten quält. Es kommen Klagen wie: „Unentwegt

vergisst er irgendetwas! Keine Arbeit ist zu Ende gebracht! Wissen Sie, er möchte immer mithelfen, aber ständig vergisst er etwas! Dauernd verliert er Turnschuhe, Turnsäckchen, Handschuhe, Mütze, sogar seine kostbare Querflöte hat er auf dem S-Bahnhof liegen lassen! Keine Hausaufgabe ist vollständig aufgeschrieben, unentwegt muss ich Eltern anrufen!" Die Liste könnte beliebig fortgesetzt werden, und neben der Wut und der Verzweiflung ist es auch die Scham, die Eltern quält. Und natürlich steht die Frage nach dem „Warum?" auch hier groß im Raum.

Oft stellt sich die Frage, ob das Kind unter einem Aufmerksamkeitsdefizitsyndrom leidet.

Mangelnde Aufmerksamkeitssteuerung und Ausdauer im Unterricht und bei den Hausaufgaben gehören zu den Hauptbelastungen von Lehrern und Eltern. Die Diagnose des ADS, des Aufmerksamkeitsdefizitsyndroms, das uns in diesem Buch schon mehrmals begegnet ist, wird bei Schulpsychologen oder in kinder- und jugendpsychiatrischen Praxen immer häufiger gestellt, vornehmlich bei Kindern, die Probleme beim Erlernen des Lesens und Schreibens haben. Fassen wir daher an dieser Stelle die Symptome des ADS noch einmal zusammen: ADS-Kinder sind leicht ablenkbar, beschäftigen sich mit anderen Dingen als dem Lehrstoff oder schauen einfach mit verklärtem Blick ins Weite.

Dabei ist die Unfähigkeit zur konzentrativen Aufmerksamkeit, wie wir gehört haben (siehe S. 58 ff.), keine Charaktereigenschaft. Alle Kinder haben die Fähigkeit zur Konzentration, zum Verschmelzen mit ihrem Tun, sobald das Thema, der Gegenstand, von Interesse für sie ist. Man sieht solche Kinder mit größter Ausdauer den Flug einer Fliege beobachten, beim Volleyball ihr Letztes geben oder sich interessiert und einfühlsam mit dem Nachbarn austauschen.

Beide Verhaltensweisen, die extravertierte oder die introvertierte, signalisieren einen Stopp des Kindes, eine Barriere zwischen sich selbst und dem Lerngegenstand. Den Kindern gelingt es weder die Kontaktbrücke zu sich selbst noch zur Sache zu bauen. Entweder sie haben schon zu viel aufgenommen, wie z. B. soziale Spannungen: Wer hat gerade mit wem gestritten? Wer wird ausgeschlossen? Was ist mit meinen Eltern, meinen Geschwistern zu Hause los?, und brauchen eine Erholungspause, die sie sich durch Abtauchen in ihre

Traumwelten gönnen, oder sie haben resigniert und wenden sich vom Unterrichtsgeschehen ab und befriedigenderen Aktivitäten zu. Für alle diese Kinder sollen im Folgenden Übungen angeboten werden, die ihnen helfen, präsent zu sein und zu erleben, dass ein „totales Da-Sein" auch in der Schule durchaus lustvoll sein kann.

Zentrierungsübung: Wir sammeln unsere Kräfte

Diese Übung kann auch im Anschluss an die Stress-Los-Lass-Übung gemacht werden, die auf Seite 97 f. vorgestellt wird.

Falte jetzt deine Hände so, wie du sie ineinander legst, damit sie sich Schutz geben. Und nun drücke deinen rechten Zeigefinger fest auf die Hand, sodass du den Druck gut aushältst. Lass wieder los und drücke nun den linken Ringfinger und den rechten kleinen Finger. So ist es gut. Und nun lass los und lockere die Hände ein wenig, sodass sie sich auseinander bewegen und einander Luft geben. Ja, wir können auch gut leben, wenn wir ein wenig entfernt voneinander sind, um dann zu spüren, wie gut es tut, wenn wir wieder zusammenkommen und geborgen ineinander ruhen. Wenn deine Hände sich wieder loslassen, stell dir vor, dass dazwischen eine Leinwand wächst oder ein Fernsehschirm, auf dem Filme laufen.

Jetzt nimm an, dass du aufstehst, um deinen Stuhl herumgehst und hinter dir stehst. Du siehst dich von hinten und kannst über deinen Kopf hinwegschauen. Leg dir nun in deiner Fantasie deine Hände auf die Schultern. Du spürst die Wärme deiner Hände, fühlst dich sicher und bist ganz in deiner Mitte. (Man kann beim ersten Mal auch von Kind zu Kind gehen und ihnen nacheinander die Hände auf die Schultern legen. Bei jüngeren Kindern ist es günstig zu sagen, dass ein Mensch, zu dem sie viel Vertrauen haben, hinter ihnen steht und seine Hände auf ihre Schultern legt und ihnen den Rücken stärkt.) Und ich weiß nicht, ob du jetzt einen guten Geruch, einen Duft riechst, der dir besonders angenehm ist. Ich möchte, dass du dir erlaubst, dieses Gefühl von Mir-Selbst-Sicherheit-Geben so richtig zu genießen. Vielleicht magst du dich nun erheben und sicher und ganz bei dir durch den Raum gehen.

Und nun nimm einen tiefen Atemzug, öffne die Augen und komm in deinem Tempo wieder hierher.

Mit Hilfe von Visualisierungsübungen kann man neue Situationen besser meistern.

Matthias, ein neunjähriger Junge, der sich auf dem Schulweg immer etwas ängstlich und unsicher fühlte, erzählte: „Wenn ich jetzt auf dem Heimweg bin, stelle ich mir vor, die Hände lägen auf meinen Schultern. Nun habe ich nicht mehr so viel Angst." Für Matthias war die Übung eine Hilfe, mehr Kontrolle über seine vielfältigen Ängste zu bekommen. Die Übung kann aber auch allein oder in Kombination mit anderen hier beschriebenen vor Tests und Nachschriften mit der ganzen Klasse durchgeführt werden. Für Kinder, die Schwierigkeiten beim Lesen haben, kann es hilfreich sein, sich daran zu erinnern, wie sie sich selbst Halt geben können. Sie werden dadurch ruhiger und zentrierter und können die einzelnen Buchstaben und die Worte besser erkennen.

Diese Übung eignet sich besonders als kleines Ritual vor den Hausaufgaben ebenso wie die folgende, in der es darum geht, das richtige „Power-Level" zum Erledigen dieser meist ungeliebten Tätigkeit im angemessenen Tempo zu erreichen.

Von der Freude, die eigene Kraft zu steuern: das „Powermeter"

Kinder können lernen, sich ihre eigene Kraft – ihre Power – bewusst zu machen und sie gezielt einzusetzen.

Das Power(thermo)meter ist eine Imaginationsübung, in der es darum geht, die richtige Energie, Power oder Kraft für die entsprechende Aktivität zu finden und sie auf diesem Instrument ähnlich einem Thermometer einzustellen. Aus der Stressforschung ist bekannt, dass Menschen bei einem mittleren Erregungsniveau die beste Leistung erbringen, und in der Schmerztherapie werden solche Übungen mit großem Erfolg bei Kindern eingesetzt, weil sie helfen, das Gefühl des hilflosen Ausgesetzt-Seins zu überwinden.

Alle Kinder wollen viel Power haben, und die Idee, ein Experiment mit der eigenen Kraft zu machen, weckt Neugierde. Ich erkläre den Kindern: „In diesem Experiment werdet ihr ausprobieren, ob ihr eure Kraft, eure Power, durch eure eigene Vorstellung verändern könnt."

Stell dir ein Thermometer vor. Es ist ein besonderes Thermometer, das anzeigt, wie viel Power du gerade hast, über wie viel Kraft du verfügst. Das Thermometer ist in verschiedene Grade unterteilt. Die niedrigste Einstellung ist null, die höchste acht. Bei null bist du völlig „abgeschlafft" und schläfst. Ist deine Power auf acht gestiegen, hast du deine aller-

höchste Powerstufe erreicht. Wie die allerhöchste Stufe aussieht, das ist bei jedem anders. (Die Kinder nennen Aktivitäten wie Fußball spielen, sich raufen, Snowboard fahren.) Für jede Zahl finden wir nun ein Bild.

Meine Power ist auf null: *Ich schlafe noch.*

Meine Power ist auf eins: *Gerade bin ich aufgewacht und strecke eine Zehe aus dem Bett.*

Meine Power ist auf zwei: *Noch recht müde schlappe ich durch die Wohnung.*

Meine Power ist auf drei: *Fast ganz wach sitze ich am Frühstückstisch.*

Meine Power ist auf vier: *Ich bin ganz wach, bin auf dem Schulweg oder sitze munter in der ersten Stunde.*

Meine Power ist auf fünf: *Kurz vor der Pause. Ich bin ziemlich hippelig.*

Meine Power ist auf sechs: *Ich laufe auf dem Pausenhof herum.*

Meine Power ist auf sieben: *Ich fahre flott Rollerblades.*

Meine Power ist auf acht: *Mit höchster Powerstufe spiele ich Fußball.*

Nachdem alle Powergrade mit klaren Bildern versehen worden sind, hat sich jeder eine Farbe für seine Zahlen und seine Power überlegt. Für die niedrigen Zahlen wurden Farben wie Grün, Blau und Schwarz gewählt, während die Kinder sich hohe Energie meist in Orange oder Rot vorstellten.

Die „richtige Power" stellen die Kinder vor Tests, vor Unterrichtsstunden mit wichtigem Inhalt und vor den Hausaufgaben ein.

    Zum Schluss erkläre ich, dass wir dieses Thermometer für unsere Energie „Powermeter" nennen, und dass es einen Knopf hat, an dem man durch Drehen die eigene Power hoch oder runter schrauben kann. Auch den Drehknopf lasse ich mir von jedem Kind in seiner Form und Farbe genau beschreiben. Bevor das Powermeter ausprobiert wird, erkläre ich, dass es bei allem, was wir tun, wichtig ist, die richtige Kraft, die richtige Energie zu haben. „Steht dein Powermeter auf vier, so bist du im besten Zustand, um gut lernen zu können oder mit klarem Kopf einen Test zu schreiben oder Hausaufgaben zu machen. Ist deine Power auf drei oder gar zwei gesunken, bist du für alle Lernaufgaben zu müde und machst Fehler. Steigt die Power auf fünf oder sechs, bist du viel zu hippelig, um klar denken zu können. Dann entstehen Fehler, die wir Flüchtigkeitsfehler nennen." Und nun geht es ans Üben:

Setz dich gerade hin und spür, wie du dich anlehnen kannst und die Lehne dich aushält. Stell beide Füße auf den Boden und lass mit einem tiefen Atemzug, einem Seufzer, alle Spannung aus deinem Körper heraus. Puste sie einfach weg. Nun stell dir dein Powermeter vor und schau genau, bei welcher Zahl deine Power heute steht. Jetzt dreh an deinem Knopf und schraube deine Energie zwei Grad, also zwei Zahlen, höher. Spür dabei, wie sich das im Körper anfühlt, ob sich etwas verändert. Atme ruhig weiter. Wenn du bei der gewählten Zahl angekommen bist, öffne die Augen.

Hier einige Beschreibungen der Kinder: „Mir ist wärmer geworden. Jetzt bin ich viel hippeliger." Nach dieser ersten Erfahrung machen wir eine neue: Wir schrauben unsere Power um zwei Grade herunter. Auch danach berichten die Kinder von ihren Veränderungen. Zum Abschluss stellen alle ihr Powermeter auf vier ein, die optimale Energie zum Lernen. Um diese Imagination konkreter werden zu lassen, malt jeder sein Powermeter und versieht es mit entsprechenden Symbolen und Ziffern.

Wer Schwierigkeiten beim Einschlafen hat, benutzt diese Imagination, um schneller einschlafen zu können.

Wach sein wie ein Tiger

Eine Übung zur Koordination von Bewegungsabläufen

Nun wollen wir die Wirkung der Zentrierungsübungen testen. Dieses Training stärkt das vestibuläre System, unseren Gleichgewichtssinn, und erzielt eine Verbesserung in der Koordination von Bewegungsabläufen. Die Kinder entwickeln ein Gefühl für die Kraft der eigenen Mitte; sie erfahren, wie es sich anfühlt, in der Balance zu sein. Die Übung baut auf der Vorstellung auf „die eigenen Hände auf den Schultern zu fühlen" und sich zu zentrieren. Mit einem mutigen Kind, das gern im Mittelpunkt steht und etwas Neues ausprobiert, demonstriere ich diese Wurfübung mit einem oder mehreren Bällen. Zum Werfen eigenen sich besonders so genannte Koosh-Bälle (siehe S. 122).

Wenn du im Stehen deinen Platz gefunden hast, mach kurz die Augen zu und stell dir vor, dass deine Hände auf deinen Schultern liegen und dich stärken. Öffne nun die Augen, fühl aber weiter die Hände auf deinen Schultern. Versuch nun, auf einem Bein zu stehen, ruhig wie ein Baum. Die Hände auf deinen Schultern halten dich, sodass du ganz sicher stehst. (Wenn Kinder Schwierigkeiten mit ihrem Gleichgewichtssinn haben, kann man ihnen zu Beginn als Stütze eine Hand auf den Rücken legen.)

Jetzt werfe ich dir einen Ball zu und du fängst ihn auf. (Die Bälle werden dem Kind zuerst gerade, dann abwechselnd zur linken und rechten Seite zugeworfen. Bei besonders geschickten Kindern kann die Übung durch einen zweiten Ball erweitert werden.)

Nach dem Ballwerfen meinte Jennifer, eine Achtjährige: „Um die Bälle zu fangen, muss ich wach sein wie ein Tiger!" Nachdem die Übung eingeführt worden ist, kann sie in kleinen Gruppen von den Kindern in Partnerarbeit durchgeführt werden. Meist findet dann ein heißes Ballmatch statt, bei dem jeder wach sein muss wie ein Tiger.

Bewegungsübungen machen Kindern Spaß!

Diese Bewegungsübung eignet besonders für das häusliche Üben „zwischendurch". Hausaufgaben brauchen Pausen! Dieses Wurftraining schafft Abwechslung und fördert die eigene Präsenz und Konzentration.

Ich bin mein eigener Stressmanager

Kinder sind in der Schule mannigfachem Stress ausgesetzt. Sie müssen sich im sozialen Bereich immer wieder behaupten und Leistung erbringen. Oft sind sie diesen Situationen hilflos ausgeliefert. Wenn die ersten Tests oder Lernzielkontrollen näher rücken, werden die Unsicherheit und Aufregung auch im Förderunterricht spürbar, die Angst vor Versagen wächst.

Vom Umgang mit Schulangst

Über die eigene Anspannung zu reden, schafft eine erste Erleichterung. Kinder können sehr anschaulich ihre Gefühle, z. B. während einer Probearbeit, schildern. Wie sie spüren, dass ihnen die Inhalte nicht mehr einfallen, die sie doch zu Hause noch gekonnt haben. Wollen Kinder Kontrolle über ihre Gefühle erlangen, so ist es für sie hilfreich, diese zu konkretisieren und mit kreativen Medien darzustellen. Nur mit Fassbarem können Kindern umgehen. Monster können gezähmt werden, schwarze Löcher bekommen Licht, und bei Robotern schaltet man den Strom ab. Die Psychologie spricht auch von einer Externalisierung der Emotion. Die Kinder stellen sich dazu eine Situation vor, in der sie Angst hatten oder unter Druck gerieten. Dann stelle ich folgende Fragen:

- Welche Farbe(n) hat dein Stress?
- Welche Form hat er?
- Kannst du vielleicht ein Bild finden? Mein Stress ist wie …

Ist der Stress auf diese Weise fassbar geworden, kann er gemalt werden. Anschließend schreiben die Kinder dazu, was sie mit ihm tun wollen. Die Kinder haben ihn mit großen Schlössern eingeschlossen, sie haben ihn in Käfigen verwahrt, ihm aber auch Schleusen gebaut, über die sie selbst die Kontrolle haben. Ich habe auch eine große Büchse, in der ich überflüssigen Stress für die Kinder aufbewahre. Von den Stress-Bildern schneiden die Kinder so viel ab, wie

sie nicht brauchen. Denn im Powermeter haben wir gelernt, dass wir Stressenergie durchaus benötigen, um die Anforderungen in der Schule zu bewältigen.

Zu Hause können diese Übungen meist mit einer Geschichte aus der eigenen Schulzeit eingeführt werden: „Ich zeig dir mal, was ich früher gemacht habe …!" Oder: „Ich hatte einen Freund oder eine Freundin, der ging es genauso wie dir. Ich zeig dir mal, wie sie ihre Angst besiegt haben. Vielleicht ist das auch etwas für dich, du kannst es ja mal ausprobieren!"

Solche Vorschläge dürfen nicht mit Druck als Allheilmittel aufgezwungen, sondern sollten eher beiläufig als Bewältigungsmöglichkeit vorgestellt werden.

Entspannungsmethoden sollten in der Gruppe erlernt und durchgeführt werden.

Für akute Situationen, z. B. vor Probearbeiten, soll nun eine modifizierte Übung aus der progressiven Muskelentspannung nach Jacobson vorgeschlagen werden. Die Kinder haben sie die Stress-Loslass-Übung genannt.

Setz dich aufrecht und bequem auf deinen Stuhl, so, dass du es eine Weile aushalten kannst. Deine Füße stehen dabei nebeneinander sicher auf dem Boden. Such dir auf dem Boden einen Punkt, den du fest anschaust. Vielleicht wird dein Punkt klarer, während du ihn fixierst, vielleicht verschwimmt er und bekommt einen Hof. In jedem Fall wirst du merken, dass deine Augen ein wenig brennen werden. Dann schließ deine Augen, weil du weißt, dass du auch hinter geschlossenen Augenlidern auf den Punkt schauen kannst.

Balle nun die rechten Finger zur Faust (bei Linkshändern die linken), drück so fest du kannst und halte die Spannung. Dein Arm ist jetzt bis zum Ellenbogen angespannt. Und jetzt lass los. Es mag sein, dass du es genießt, wie die Wärme in deinem Arm pulsiert, und es spürst, wie angenehm es ist, loslassen zu können. Dieses Gefühl des Loslassens kannst du noch verstärken, indem du einen tiefen Atemzug machst und mit einem Seufzer allen Stress loslässt.

Und jetzt darf jeder Teil deines Körpers dieses gute Gefühl des Loslassens spüren und sich entspannen. Vielleicht beginnst du beim Kopf, wanderst weiter über deine Schultern usw., bis auch die letzte Anspannung deinen Körper verlässt. Kannst du beobachten, ob das bei dir durch den rechten großen Zeh oder den linken geschieht? Lass zum Abschluss dieses wunderbare Gefühl des Loslassens noch einmal deinen ganzen Körper durchströmen, nimm einen tiefen Atemzug und komm in deinem Tempo wieder hierher.

Diese Übung, die auf dem Phänomen von Anspannung und Entspannung beruht und ausgezeichnet in jeder Gruppensituation durchgeführt werden kann, halten wir für das häusliche Training für wenig geeignet. Kinder fühlen sich dabei von den Eltern zu sehr gesteuert und finden nicht den Freiraum, den sie benötigen. Was jedoch möglich ist, sind Gespräche über die eigene Angst, und Kinder genießen es, von den Kinderängsten ihrer Eltern zu erfahren. Auch das Abschneiden und Verwahren der Angst können Sie in eine Geschichte packen und dabei aus Ihrer Kindheit erzählen. Kleine Schwindeleien sind hier durchaus erlaubt.

Das Trainingsprogramm kennen lernen und anwenden

Wenn man mit Kindern zu üben beginnt, sollte man keineswegs erwarten, dass sich die Noten rasch verbessern. Wenn die Leistung eines Kindes metaphorisch gesprochen mit einer Zwölf benotet werden müsste, dann ist es vermessen, alsbald eine Vier oder Drei unter einer Nachschrift oder einem Diktat zu erwarten.

Wenn Legasthenie eine nicht vorübergehende Störung ist, wie die Kinder- und Jugendpsychiatrie sagt, und wenn das rechtschreibschwache Kind lustlos und resigniert im Förderunterricht sitzt, muss es bereits als Fortschritt gewertet werden, wenn diese Kinder sich dennoch zum Üben bereit erklären oder daran gar noch Freude haben. Diese Tatsache gilt es im Förderunterricht oder der Einzeltherapie sowohl dem Klassenlehrer oder der Klassenlehrerin als auch den Eltern zu erklären, bevor wir mit dem Übungsprogramm beginnen.

Ich im Raum

Die folgenden Übungen sind vor allem für Kinder im ersten Schuljahr geeignet. Sie helfen ihnen beim Erlernen des Lesens und Schreibens, indem sie ihnen ermöglichen, sich z. B. beim Abschreiben eines Textes von der Tafel im Raumschema zu orientieren. Ebenso unterstützen sie das Körperbewusstsein, um sich im Raum ebenso wie in der Zeit zurechtzufinden. Oben, unten, hinten, vorn werden durch persönliche, plastisch gestaltete Bilder begreifbar gemacht. Und auch die Figur-Hintergrund-Differenzierung kann aufgrund der gestalteten Bilder besser begriffen und gemeistert werden. Zu Hause empfiehlt es sich vor allem bei Schulanfängern, natürliche Situationen zur Raumorientierung auszunutzen und präzise zu formulieren: „Hol mir bitte mal das Buch in der rechten unteren Schublade!"

Wir beginnen mit den Adverbien „oben" und „unten". Nach einer Einführung, in welcher sich die Kinder in einem Bewegungsspiel mit Musik im Raum bewegen, unter den Tischen durchkriechen und auf Stühle steigen, fordere ich sie auf, verschiedene Standpunkte im Raum auszuprobieren:

- auf einem Stuhl stehen
- unter einem Tisch sitzen

und dabei ihre Position zu verbalisieren: „Ich stehe auf einem Stuhl, unter mir ist der Boden. Ich liege unter dem Tisch, über mir ist die Tischplatte."

Übungen zur Raumorientierung

Nach diesen Raumerfahrungen werden die Worte „oben" und „unten" an die Tafel geschrieben und die Schüler werden gebeten, Sätze mit den beiden Wörtern zu bilden, um die es heute geht. Danach fordere ich sie auf, ihr Bild von ihrem Satz in Knete darzustellen.

Vom Ärger auf den älteren Bruder oder
von der heilenden Kraft des „Oben" (siehe Abbildungen auf S. 100)
Carmen stellt den stets als überlegen empfundenen älteren Bruder mit
zwei pieksenden Hörnern versehen dar. Dabei steht Carmen, die klei-
ne Schwester, fröhlich auf der Mauer und kann ihm auf den Kopf
spucken. Einmal in der allmächtigen Position sein, das kann in einem
Kinderleben heilende Kräfte entfalten.

Was weniger interessant ist, bekommt den Platz „unter": Sebastian ist
ein Fan schneller Autos, und Autorennen verfolgt er interessiert am
Fernsehapparat. Diese begehrten Objekte fahren über die Brücke, un-
ter der ein Fluss dahin zieht.

Mit schwierigen Wörtern und Begriffen umgehen

An dieser Stelle möchte ich eine Zusammenfassung der Wörter geben, die von den Kindern durch die verschiedenen Klassenstufen
bis in die Oberstufe des Gymnasiums immer wieder fehlerhaft geschrieben werden. Es sind vielfach wenig konkrete Wörter, die weder greifbar noch erfahrbar sind. Es sind abstrakte Begriffe: Konjunktionen, Präpositionen, Pronomina, Modal- und Hilfsverben ebenso
wie Adverbien.

Abstrakte Wörter,
die nicht „greifbar"
sind, werden immer
wieder falsch ge-
schrieben.

Auf den ersten Blick wirken diese kleinen Wörter in ihrer Recht-
schrift nicht allzu schwierig. Worte wie „denn" oder „während" werden immer wieder falsch geschrieben, weil sie in ihrer Bedeutung
nicht klar oder für die Kinder „Bild los" sind.

Um das einzelne Kind sinnvoll zu unterstützen und einen Über-
blick über die individuellen Fehler zu bekommen, ist es hilfreich,
sich die Erstentwürfe von Aufsätzen anzuschauen. Dabei sieht man,
welche dieser Wörter für das einzelne Kind zu einer besonderen Hür-
de werden.

Natürlich können nicht alle dieser Wörter besprochen und plastisch dargestellt werden. Man sucht sich je nach Klassenstufe vier
oder fünf heraus und versucht dann, diese Wörter auf verschiedenen Sprachebenen zu ankern. Genauso verfährt man zu Hause.

Im Folgenden wird exemplarisch die Arbeit dreier Kinder mit den
Worten „während", „wieder" und „spielen" vorgestellt.

Die Präposition „während"

Mit der Präposition „während" haben sich sowohl die Kinder des Förderkurses der dritten als auch der vierten Jahrgangsstufe auseinander gesetzt. „Während" bezeichnet nach der Definition des Duden eine Zeitdauer, in deren Verlauf etwas stattfindet. Simon, der sich über angenehme Dinge freuen und sie genießen kann, erklärt zu seinem Modell: „Während ich schlafe, kocht meine Mutter eine Suppe."

102

Das Adverb „wieder"

Der Gebrauch des Adverbs „wieder" wird für Kinder nicht erst dann verwirrend, wenn es von dem Begriff „wider" abgegrenzt werden muss. Melisa hat zu ihrer modellierten Darstellung auch eine Geschichte geschrieben, in der sie sich Mut vor der Arbeitsfülle und den Anforderungen in der Schule macht.

Wieder

„Wieder mal ist Montag," sagt Anna leise.

„Eine ganze Woche habe ich vor mir eine ganze Woche" wiederholt sie. Dann kommt Di. und dann Mi. und so weiter. „Wenn sie richtig nachdenkt ist es doch nicht so lang deshalb schreibt sie vergnüglich an ihrer arbeit weiter.

Melisa

Das Verb „spielen"

Befragt man Kinder, zu welchem Wort sie selbst gern ein Bild kneten möchten, so ist der Favorit das Wort „spielen". Weit weg von allen schulischen Bedrängnissen gehört es zu den Wörtern, die mit den glücklichsten und unbeschwertesten Gefühlen verbunden sind. Im Spiel entwerfen Kinder Gegenwelten, hier sind sie Meister des Umdeutens und sie trainieren konzentriertes Tun. Das Wort weist zwei rechtschriftliche Hürden auf: „sp" und „ie".

Franz fühlt sich wie viele Kinder vor allem den Tieren nah. Tiere stellen keine Anforderungen, und für Franz bedeutet „spielen" frei sein von allen Verpflichtungen und gelöst mit seinem Hund zu spielen, den er aus dem Tierheim geholt hat (siehe Abbildung auf S. 102).

Eine Liste schwieriger, abstrakter Wörter

Artikel: der, die, das

Adverbien: bald, dann, doch, dort, fast, fort, gar, gerade, hier, immer, indes, jetzt, nie, nicht, oben, auf, unter, sehr, sicher, sogar, vorn, wann, warum, wie, wieder, zudem, zuletzt, zurück, zwar

Demonstrativ-Pronomen: dies, jene, solche, selbst, selber

Hilfsverben: haben, sein, werden

Indefinitpronomen: alle, andere, beide, ein, einige, etliche, etwas, ganz, jede, jemand, kein, man, manche, mehr, meist, nichts, niemand, viel, voll, wenig, wenigstens

Konjunktionen: aber, denn, entweder – oder, je – desto, sondern, sowie, sowohl – als auch, weder – noch

Untergeordnete Konjunktionen: als, bevor, damit, dass, falls, indem, ob, weil, wenn

Präpositionen: ab, außer, bei, binnen, bis, durch, für, gegen, hinter, in, mit nach, neben, ohne, seit, statt, trotz, über, unter, von, vor, während, wegen, wieder, wider, zu, zwischen

Possessivpronomen: ich, du, er, sie, es, wir, ihr, sie

Modalverben: dürfen, können, mögen, müssen, sollen, wollen

Diese Wörter können immer wieder geübt und am besten auch in eine Lernkartei (siehe unten) aufgenommen werden.

Von der Arbeit mit der Lernkartei

In eine Lernkartei werden schwierige Wörter aufgenommen.

Die dergestalt eingeübten schwierigen Wörter werden, ebenso wie solche, die anderen Trainingsformen oder dem Grundwortschatz entnommen sind, in einer Lernkartei festgehalten. Eine Lernkartei eignet sich besonders für die häusliche Übung. Unsere Lernkartei ist sehr einfach und hat nur zwei Abteilungen, die individuell gefüllt werden.

- In der vorderen Abteilung gibt es Wörter, die noch geübt werden.
- Die hintere Abteilung enthält Wörter, die den Übungsprozess bereits durchlaufen haben und wahlweise zur Überprüfung noch einmal herausgezogen werden können.
- Zwischen beiden Abteilungen steckt eine farbige, etwas erhöhte, aus Tonpapier zurechtgeschnittene Teilungskarte.

Warum benutzen wir eine Lernkartei?

Kinder müssen wissen, warum zu Hause und im Förderunterricht auf eine spezielle Weise geübt wird. Dieses Verständnis kann bereits Kindern im ersten Schuljahr vermittelt werden. Zu diesem Zweck zeichne ich zwei große Rechtecke auf ein großes Zeichenpapier, während wir alle auf Kissen auf dem Teppich sitzen. Die Rechtecke stellen dar:

* den Vorcomputer (das Kurzzeitgedächtnis)
* den Hauptcomputer (das Langzeitgedächtnis)

Die Kinder lernen, wie Wissen vom Kurzzeitgedächtnis ins Langzeitgedächtnis gelangt.

Den Kindern wird eine Telefonnummer vorgesprochen, und sie werden gebeten, sich diese zu merken. Bei diesem Vorgang entdecken sie, dass eine Nummer mehrmals wiederholt werden muss, denn im Kurzzeitgedächtnis „zerfällt" die Information rasch. Sie versinkt im „Fluss des Vergessens". Zwischen die beiden Computer zeichne ich in leuchtendem Blau diesen Fluss. Alles, was im Hauptcomputer gespeichert ist, wird dagegen nie mehr vergessen. Dazu muss es aber mühsam über diesen Vergessensfluss transportiert werden, und das besorgt die Wiederholung. Natürlich transportiert jeder nur die Information hinüber, die bei ihm noch nicht im Hauptcomputer fest gespeichert ist. Alles andere wäre sinnlose Arbeit. Deshalb arbeiten wir mit der Lernkartei, die am Ende bei den meisten Kindern einige wenige gleiche, vor allem jedoch unterschiedliche Wörter enthält. Auf diese Weise kann man Kindern lästiges Üben im Rechtschreibunterricht und zu Hause einsichtig machen und sinnvolles Üben in der Schule und zu Hause ermöglichen. Wie Erwachsene haben Kinder ein Anrecht zu wissen, warum sie etwas tun.

Die Kinder erhalten nun Blätter im DIN-A-3-Format und malen die beiden Computer-Kästen auf und dazwischen den Fluss des Vergessens. In den Hauptcomputer schreiben sie jetzt Worte, von denen jedes Kind sicher ist, dass es sie richtig schreiben kann. Solche Wörter nennen wir „Schreibwörter". Um diese Wörter brauchen wir uns nicht mehr zu kümmern. Sie sind sicher über den Fluss des Vergessens transportiert worden.

Neben den Schreibwörtern gibt es noch die „Merkwörter". Das sind Wörter, die keiner Regel folgen, die einfach durch Üben der verschiedensten Art endlich über den Fluss des Vergessens gelangen.

Sinnvoll ist es, sich bei lese-rechtschreibschwachen Kindern auf das Vermitteln weniger Rechtschreibregeln zu beschränken.

Auf diesem Transportweg erleichtern uns Regeln die Arbeit. Wörter, die unter eine Regel fallen, sei das z. B. eine Ableitungsregel oder eine Verdopplungsregel, nennen wir „Regelwörter".

Die im Grundschulunterricht vermittelten Regeln überfordern ein lese-rechtschreibschwaches Kind. Es sind zu viele und sie sind zu verwirrend. Bewährt hat sich die Beschränkung auf einige wesentliche Regeln:

Grammatikwissen und Rechtschreibregeln für das zweite und dritte Schuljahr:

- die Wortarten
- die Groß- und Kleinschreibung
- die sp/st-Regel
- der Unterschied zwischen Mitlauten und Selbstlauten (mit Körperstellungen verbunden, z. B. beide Hände auf das Herz legen bedeutet A, prägen sich die Vokale leichter ein)
- die Verdopplungsregel (den Unterschied zwischen einem langen und kurzen Vokal mache ich durch das Blasen auf einer Mundharmonika deutlich; wir verändern die Wörter auch und bilden durch Kurz- oder Langsprechen des Vokals auch Quatschwörter)

Grammatikwissen und Rechtschreibregeln für das vierte Schuljahr:

- Wiederholung der bekannten Regeln
- die Konjugation und Ableitung von Verben, die Pluralbildung (ich gehe, du gehst, er geht …, Wald – Wälder)

Das Üben mit der Lernkartei

Richtig üben – das ist ausschlaggebend für den Erfolg.

Kinder im Förderunterricht haben sich angewöhnt, das Schreiben so schnell wie möglich hinter sich zu bringen. Sie haben verlernt, sorgfältig zu arbeiten. Ein wichtiges Ziel beim Üben ist die Verzögerung des Übungsvorgangs. Hier ist Langsamkeit angesagt. Zunächst aber muss die Kartei gefüllt werden. Das kann durch Diktieren von Wörtern aus dem Grundwortschatz, durch Markieren von wenigen Worten in einem selbst geschriebenen Text oder durch Darstellen und Besprechen aus der Liste schwieriger Wörter geschehen.

- Beim Diktieren aus dem Grundwortschatz wird vorher die DIN-A-4-Seite so präpariert, dass am Beginn jeder zweiten Zeile mit buntem Filzstift ein dicker Punkt gesetzt wird und nie mehr als zehn bis 15 Wörter diktiert werden (siehe unten). Es stehen also von vornherein nicht mehr als zehn bis 15 dicke Punkte auf dem Blatt. Das hat den Vorteil, dass das oft „wackelige" Schriftbild deutlich sichtbar wird und falsch geschriebene Wörter in die freie Zeile geschrieben werden können. Das enttäuschende Anstreichen der Fehler entfällt. Stattdessen markiert das Kind die „kritische Stelle", an welcher der Fehler sitzt, sowohl auf dem Blatt wie auf der Karteikarte mit einem Leuchtstift.
- Die falsch geschriebenen Wörter, nämlich nur die Wörter, die noch nicht über den Fluss des Vergessens transportiert worden sind, schreiben wir auf eine Karteikarte. Jede Karte enthält nur ein Wort, evtl. noch eine Ableitung, z. B. er fährt, fahren. Die neuen Wörter wandern ins vordere Fach der Lernkartei.

Wie aber üben wir?

- Zu Hause wird zuerst einmal ein bestimmter Zeitraum, längstens drei bis fünf Monate, vereinbart, in welchem das Training durchgeführt wird. Geübt wird immer 15 Minuten vor den Hausaufgaben. Allerdings hat das Kind zwei bis drei Joker, die es in der Woche setzen kann, um an freier Entscheidung zu gewinnen.
- Jeden Tag wird notiert, ob geübt oder der Joker gesetzt wurde. Man kann eine „Verstärkerliste" mit attraktiven Dingen und Aktivitäten anlegen und die Übungspunkte umtauschen. Dazu muss man vorher festlegen, was man für drei, fünf oder zehn Punkte erwerben kann. Zu diesen Erwerbungen gehören auch besonders ersehnte Unternehmungen mit den Eltern.

Ich suche mir einen Sekretär oder eine Sekretärin

Die Kinder geben dem Partner zehn Wortkarten aus ihrer Lernkartei. Diese Wörter werden nun wechselweise diktiert.

Partnerarbeit im Unterricht

- Die Partner benützen DIN-A-4-Blätter zum Üben, entweder aus einem Heft oder einem Ordner. Bei jeder zweiten Zeile wird an den Zeilenanfang mit einem Filzstift in der Lieblingsfarbe ein Punkt gemalt, also für zehn Wörter zehn Punkte.

- Bei den richtig geschriebenen Wörtern erhält die Karte am oberen Rand ein Pluszeichen. Ist das Wort falsch geschrieben, wird ein Minuszeichen eingetragen.
- Bei drei Pluszeichen in Folge, d. h. das Wort wurde dreimal hintereinander richtig geschrieben, wandert die Karte ins zweite Fach der Lernkartei.

Ich übe allein

Mit den Kindern übe ich ein, wie jedes Kind allein den beschwerlichen Weg über den Fluss des Vergessens gehen kann. Dabei ist derjenige Meister, der sein Üben am besten verzögern kann, der also am langsamsten arbeitet.

- Bevor ich beginne, richte ich zunächst wieder mein Blatt mit zehn Punkten her.
- Die Karte wird in die linke Hand (beim Rechtshänder) bzw. in die rechte Hand (beim Linkshänder) genommen und das Wortbild wird genau betrachtet.
- Ich schließe die Augen und schreibe das Wort in meiner Lieblingsfarbe auf den Bauch meines Krafttieres (Lieblingstieres) oder einer Lieblingsfigur aus einem Buch oder dem Fernsehen.
- Ich öffne die Augen und vergleiche noch einmal mit dem Wort auf der Karte.
- Ich drehe die Karte um und schreibe das Wort hinter den Punkt auf das Blatt.
- Alles Weitere siehe oben.

Bild-Wortkarten gestalten

Das Arbeiten mit Bild-Wortkarten bietet für Kinder einen besonderen Anreiz.

Wörter können auch in Form von Bild-Wortkarten in die Lernkartei aufgenommen werden. Ein solches Vorgehen macht Spaß und dient dem ganzheitlichen Aufnehmen und sicheren Abspeichern von Wörtern in ihrer rechtschriftlichen Besonderheit. Durch die eigene Gestaltung der Wortbedeutung wird der Sinn des Wortes bildlich erfasst und zugleich schriftlich verankert. Es muss nicht immer ein detailliertes Bild gezeichnet oder gemalt werden. Oft genügt es auch, ein einfaches Symbol zu finden, welches das Wort bildlich wiedergibt.

überqueren

Mit diesen Bild-Wortkarten können auch Ratespiele durchgeführt werden. In der oberen Hälfte der Karte ist das Symbol abgebildet, die untere enthält das dargestellte Wort. Die Kinder können das Wort abdecken, und so wird aus der Bild-Wortkarte die Grundlage für ein Ratespiel. Die Kinder zeigen ihre Bilder und lassen die anderen raten, welches Wort dargestellt ist. Danach wird das erratene Wort an die Tafel oder auf große Blätter geschrieben. Grundsätzlich ist natürlich wichtig, dass die Wörter in dem Karteikasten immer wieder diktiert werden, um im Langzeitgedächtnis verankert zu werden.

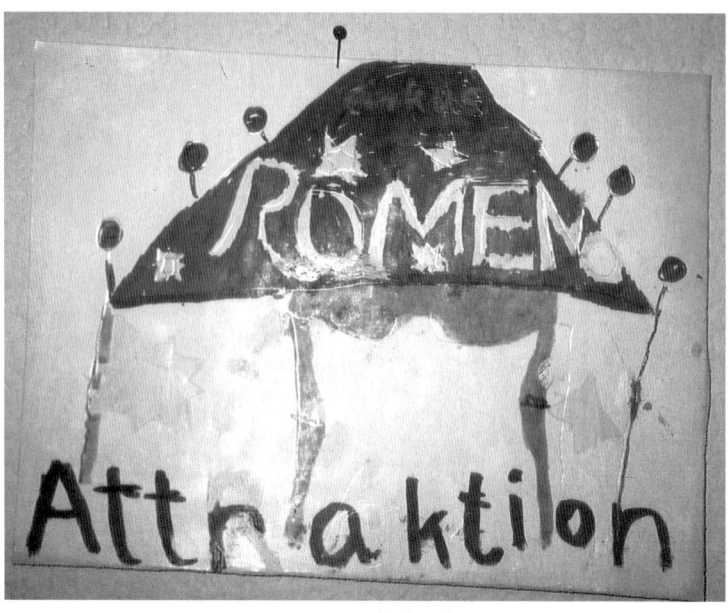

Dem Üben meinen Stempel aufdrücken

Die selbst verfasste
Nachschrift

Verfassen Kinder ihre Nachschriften selbst, so aktiviert das nicht nur ihren Erfindergeist, sondern lässt eine Nachschrift auch zur eigenen Sache werden. Eine gute Vorübung, um Kinder zu einer selbst verfassten Nachschrift anzuregen, besteht darin, die Kinder zu drei bis vier spannungsreichen Wörtern auf Wortkarten oder an der Tafel Sätze und kleine Geschichten erzählen und auch aufschreiben zu lassen. Anschließend ist es möglich, den Schülern eine der Jahrgangsstufe entsprechende Anzahl von Wörtern des Grundwortschatzes zu geben. Wir gehen folgendermaßen vor:

- In einem ersten Schritt gebe ich immer drei bis vier solcher Zusammenstellungen von Lernwörtern zur Auswahl. Dadurch können sich die Kinder diejenigen Wörter auswählen, die sie besonders ansprechen. Zu Hause können Sie aus den Lernwörtern drei oder mehrere besonders spannende herausnehmen und sich gegenseitig Geschichten erzählen. Erst dann erfolgt das Aufschreiben. Spannend ist es zu sehen, wem es gelingt, das Lernwort am häufigsten unterzubringen.

110

- Die Kinder wählen zunächst die Wortgruppe aus und überlegen sich dann mit einem Klassenkameraden oder auch in einer kleinen Gruppe eine Geschichte, die sie aufschreiben.

Sehr positiv wird diese Idee auch von den Eltern aufgenommen, die diese selbst ausgedachten Nachschriften mit ihren Kindern üben.

Verkehrspolizist
Verkehrspolizist

Die Fantasiegeschichte:
den Deckel meiner Fantasiekammer öffnen

Schreiben wird zur eigenen Sache.

„Der Luftdruck von außen hat den Deckel meiner Fantasiekammer zugedrückt." Mit dieser wunderschönen Metapher beschreibt der elfjährige Dominik seine Situation während der letzten Deutschprobe, die mit einem „Mangelhaft" bewertet wurde. Dabei sind Kinder mit Lernstörungen oft reich an Ideen und ungewöhnlichen Einfällen. Für sie ist das Schreiben von Fantasiegeschichten ein Bereich, in dem sie etwas leisten und erleben und schließlich die Erfahrung machen: „Ich kann etwas!" Allerdings müssen die Kinder bewusst erleben, dass sie die Fähigkeit besitzen, aus ihrer Fantasie zu schöpfen, sich eine Geschichte auszudenken und diese aufzuschreiben. Wie bei der selbst verfassten Nachschrift wird auch hier das Schreiben zur eigenen Sache. Fantasie lässt sich allerdings besser von einer Gruppe anregen und in einer Gruppe erzählen. Zu Hause erlischt das Feuer, wenn Kinder allein oder mit einem Elternteil am Schreibtisch sitzen. Verpulvern Sie also nicht unnötige Energie mit dieser Übung zu Hause! Im Klassenzimmer allerdings wirkt sie oft Wunder.

Die Tür zur Fantasie aber öffnet sich nicht sofort, besonders wenn die Misserfolge in der Schule den Deckel beschweren, sie bedarf der Anregung. Ich setze zu diesem Zweck manchmal kleine Entspannungsübungen ein:

Nachdem die Kinder erst einmal alle Anspannung „ausgepustet" haben, beginne ich, mit dem bekannten Bild der kleinen Wolke innere Bilder anzuregen:

- *Stell dir vor, du sitzt an einem schönen Sommernachmittag gemütlich auf einer Wiese. Da fliegt eine kleine Wolke heran, die dich einlädt, mit ihr eine kleine Reise zu machen.*
- *Ich weiß nicht, ob du schon jetzt in die kleine Wolke einsteigst, oder ob du dir noch ein wenig Zeit lässt und genau ihre Form beobachtest, ihre Farbe und wie sie sich ständig verändert. Nun sitzt du auf dieser Wolke, warm und kuschelig ist es da, sicher und geborgen.*
- *Von oben sieht die Welt ganz anders aus und du schaust dir alles genau an und bist neugierig, wo dich deine Wolke hinbringen wird.*

Nach dieser Einführung beschreiben die Kinder, an welchen Platz sie die Wolke bringt und was sie dort alles erleben.

„Dürfen" ist wie Wind in den Gedanken

Dieses poetisches Bild stammt aus einem Gedicht zu dem Wort „dürfen", das der zwölfjährige Frederik geschrieben hat. Kleine Geschichten zu einzelnen Worten aufzuschreiben dient nicht nur dazu, dem Gedankenfluss neue Impulse zu geben, sondern kann auch eine Möglichkeit sein, sich ein unangenehmes Erlebnis von der Seele zu schreiben. Ein solches Schreiben entfaltet zuweilen durchaus therapeutische Wirkung. Es gibt viele Begriffe, die für Kinder interessant und spannungsreich sind. Ich möchte eine Geschichte zu einem solchen emotional besetzten Wort vorstellen: „sollen" (siehe S. 116), sowie eine Methode zur Anregung von Erfahrungen und Ideen: das Mind-Mapping.

Wortgeschichten

Neben Entspannungsübungen eignet sich das Mind-Mapping bestens dazu, das Tor zum Gedankenfluss zu öffnen.

Mind-Mapping, ein Weg zum Anregen der Gedanken

Mind-Mapping (21) ist eine inzwischen sehr bekannte, ganzheitliche Methode zur Entwicklung und Organisation von Ideen, die von Tony Buzan Anfang der 70er-Jahre entwickelt wurde. Sie ist wie geschaffen, der kindlichen Spontaneität und dem oft noch assoziativen Gedankenfluss Raum zu geben – sowohl zu Hause wie im Unterricht. Sie bietet Platz für die bilderreichen konkreten Einfälle von Grundschulkindern, deren Denken noch keinen logisch geordneten Gliederungssystemen entspricht. So darf auch hier „der Wind in den Gedanken wehen". Mind-Mapping eignet sich zur Stoffsammlung für einen Aufsatz, ein selbst verfasstes Gedicht oder zur Sammlung von Vorwissen in Sachfächern.

Den Assoziationen freien Lauf lassen – das ist hilfreich fürs Lernen.

Wie entwerfen wir eine Mind-Map?

- Zeichnen Sie ein kleines Bild oder ein Symbol in die Mitte der Tafel, welches das Thema repräsentiert. Das Bild sollte so klein sein, dass noch genügend Raum für Assoziationen bleibt.
- Schreiben Sie alle von den Kindern eingebrachten Ideen und Informationen in möglichst treffenden Stichworten über die Tafel verteilt auf. Sie werden zu „Kernbegriffen". Es ist günstig, wenn diese Kernbegriffe in Druckbuchstaben geschrieben sind und zu jedem Kernbegriff wiederum ein Symbol hinzugefügt wird. Wör-

ter mit kleinen, farbig gestalteten Bildern können besser erinnert werden und regen zu weiteren kreativen Assoziationen an.

- Ausgehend von dem zentralen Bild ziehen Sie Linien zu den einzelnen Kernbegriffen.
- Oft ergeben sich durch das Betrachten der einzelnen Symbole neue Ideen, die strahlenförmig von diesem Kernbegriff ausgehend weiter aufgezeichnet werden. Ein Wort oder ein kurzer Ausdruck wird zum Kern, der wiederum als auslösender Reiz für das Aufzeichnen weiterer Assoziationen wirkt.

Indem die Kinder beim aktiven Entstehen einer Mind-Map mitwirken und deren Entwicklung miterleben, wird ein Gleichgewicht zwischen kreativem Assoziieren und der Reduzierung auf das Wesentliche geschaffen. Danach gestaltet jedes Kind seine persönliche Mind-Map und schreibt die eigenen Gedanken nieder. Hier ein Beispiel aus einem dritten Schuljahr zum Begriff Natur:

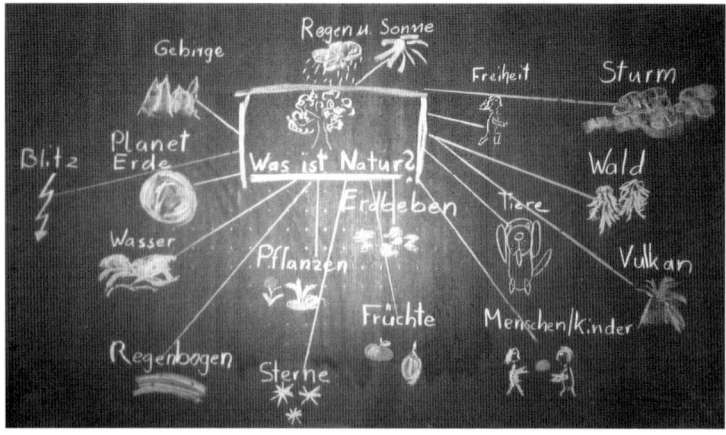

1. Schritt: Wir erstellen eine Mind-Map
Das Thema Natur formuliere ich in einer Frage: „Was ist Natur?" Gemeinsam sammeln wir die Ideen an der Tafel und finden Symbole. Die Kernbegriffe übertragen die Kinder auf ein Blatt Papier, sie finden aber eigene Symbole oder kleine Bilder, sodass schließlich jedes Kind auch seine eigene Mind-Map erhält.

2. Schritt: Wir schreiben einen Text
Nachdem jedes Kind seine persönliche Mind-Map angelegt hat und
die Kinder noch gänzlich vom Thema gefangen sind, bitte ich sie,
ihre Gedanken zu unserem Thema: „Was ist Natur?" aufzuschreiben.

Name	Datum	Blatt

Was ist Natur?

Natur ist Freiheit.
Natur ist Sturm.
Natur ist Sonne und Regen.
Natur sind Menschen und Kinder die Ballspielen.
Natur sind Pflanzen, die wachsen wie sie wollen.
Pferde, die wild sind und über Wiesen und Felder
galoppieren.
Berge ganz hoch und spitz ist Natur.
Ein Bächlein, das einen kleinen Berg hinunter
plätschert.
Blätter, die durch die Lüfte fliegen.

Schreiben – ein Ventil für meine Emotionen

Sich die Nöte von der Seele schreiben – Kindern sollte diese Möglichkeit erfahrbar gemacht werden.

Kinder erhalten viele Anweisungen, so manches lese-rechtschreibschwache Kind hört von den Erwachsenen meist Imperative, die es aus Angst vor Liebesverlust verzweifelt zu erfüllen versucht. So ist das Wort „sollen" ein Ventil, sich ein wenig dieser Last von der Seele zu schreiben.

Der neunjährige Ferdinand beschreibt in seiner kleinen Geschichte zum Verb „sollen", wie belastend er alle die Erwartungen und Aufgaben empfindet, welche die Erwachsenen an ihn herantragen. Er fühlt sich einfach erschöpft und auch genervt. Übermächtig tritt ihm dieses „Soll" in seiner Gefühlswelt entgegen.

Das Soll

Es war einmal ein Junge, der soll immer Einkaufen gehen und soll auch sein Zimmer aufräumen und soll schon um acht Uhr ins Bett. Er sagt: „Ich soll alles machen!", und sagt: „Ich mache jetzt überhaupt nichts mehr!" Danach ging er in sein Zimmer und beschloss, ich rufe jetzt meinen Freund an.

Für uns Erwachsene ist es oft nicht mehr nachvollziehbar, wie übermächtig unsere Aufforderungen und Regeln von Kindern erlebt werden. Solche Kindertexte halten auch uns Erziehern einen Spiegel vor, der uns bewusst macht, wie viel wir von den Kindern erwarten, wie viel wir vorgeben und verlangen.

Sprachbetrachtung oder die Ordnung der Sprache kennen lernen

Sprachbetrachtung soll Kindern einen Einblick in die Struktur der deutschen Sprache übermitteln. Sie ist eng verknüpft mit dem Thema „Ordnung", das ab dem dritten Schuljahr behandelt werden kann. Ordnung stellt einen Rahmen, eine Struktur dar, in der jedes Ding im richtigen Zustand am richtigen Platz ist. Ordnung vermittelt ein Gefühl von Sicherheit und Klarheit. Im Gegensatz dazu wird Unordnung von Kindern oft als Unsicherheit und Unklarheit wahrgenommen. Um ein grundlegendes Sprachverständnis entwickeln zu können, ist es für lese-rechtschreibschwache Kinder sehr wichtig, einen Zugang zu den Ordnungssystemen der Sprache zu bekommen.

116

So wichtig es ist, das Thema Ordnung in der Schule zu thematisieren, so belastet und konfliktbeladen ist dieses Thema zu Hause. Wir raten deshalb Eltern, den ersten Teil der Übung, das Gespräch über Ordnung, wegzulassen, wohl aber den zweiten Teil, die Gestaltung von Sätzen zur Erklärung von Grammatikwissen, auszuprobieren.

Kinder brauchen Struktur und Ordnung – gerade auch beim Erlernen von Lesen und Schreiben.

Ordnung gibt Sicherheit

Provokativ beginne ich meine Stunde mit dem Satz: „Heute sprechen wir über Ordnung und werden darüber nachdenken, wo wir überall eine Ordnung finden. Später werdet ihr dazu auch etwas modellieren." Die Gesichter meiner Schüler werden lang und von Missmut überschattet. Ich höre Bemerkungen wie: „Das ist aber langweilig." Aber ich lasse mich nicht entmutigen, und wir suchen nach Ordnungen im Leben und sammeln, was für die Kinder nachvollziehbar ist.

Ordnung:

- In der Natur: Tag- und Nachtfolge, Jahreszeiten
- In der Zeit: Stunden, Minuten, Tage, Monate, Jahre
- Im Verkehr: Verkehrsregeln
- Im Zusammenleben: Wir sagen unsere Meinung, wir lassen andere ausreden …
- Im Klassenzimmer: Sitzordnung, sich melden, Anweisungen befolgen …
- Im eigenen Zimmer: auf dem Schreibtisch, im Schrank, auf dem Boden …

Nachdem wir ausführlich darüber gesprochen haben, wie sinnvoll und wichtig Ordnung ist, fordere ich die Kinder auf, sich zu überlegen, wie sie sich fühlen, wenn in ihrem Zimmer, auf ihrem Schreibtisch Ordnung herrscht. Es kommen Äußerungen wie: „Ich fühle mich sicher, gut, gemütlich. Ich kann klarer denken und besser spielen." Die Kinder erkennen, dass es ihnen bei Unordnung, in chaotischen Situationen nicht so gut geht, und sie sich eher unsicher fühlen. Selbst das geliebte Spielen gelingt im Chaos nicht so gut. Das Wort Ordnung allein ruft bei Kindern zunächst tiefe Abwehr hervor. Die vielen „Soll", die mit dem Wort verbunden sind, stehen plötz-

lich im Raum, obwohl alle die Erfahrung kennen, dass ein gewisser Ordnungsrahmen wohltuend und stärkend sein kann.

Anschließend gestalten die Kinder ihre Bilder zum Begriff Ordnung. Anhand der modellierten Ordnungsskulpturen erarbeiten wir eine Definition für Ordnung: Ordnung stellt einen Rahmen dar, in dem jedes Ding im richtigen Zustand am richtigen Platz ist. Um das Wort von seiner emotionalen Befrachtung zu befreien, gestatte ich, den Gegensatz der Ordnung, nämlich Unordnung, zu gestalten. Auf diese Weise gebe ich den Schülern die Möglichkeit, ein wenig von ihrem Unmut gegen die vielen auferlegten Zwänge auszudrücken und sich ein Stück zu entlasten.

Der Kampf mit der leidigen Grammatik

Für bildhaft denkende Kinder sind Satzstrukturen kaum nachvollziebar.

Die Struktur einer Sprache kennen bedeutet auch eine Hilfe für das richtige Schreiben. Viele Regeln setzen dieses Wissen voraus. Die Ordnung der Sprache wird taktil erfahrbar, wenn ein Satz mit plastischem Material bildhaft dargestellt wird. Sprachzusammenhänge werden durch das konkrete Hinzufügen einzelner Satzteile entdeckt. Unser Satz lautet: Die Robbe zeigt dem Wärter ihre Flosse.

Grammatikalische Zusammenhänge zu erkennen, Subjekt, Prädikat und Objekt zu bestimmen, erscheint vielen Kindern als unüberwindbares Hindernis. In der dritten und vierten Klasse werden diese Lerninhalte zum ersten Mal lehrplanmäßig gefordert. Zugang zu

118

diesem kognitivem Stoff haben vor allem Kinder, deren Denken analytisch und logisch ausgerichtet ist. Die eher bildhaft denkenden Kinder stehen dem Erfassen von Satzstrukturen oft hilflos gegenüber. Auf die abstrakten Fragen des Lehrers werden wahllos Antworten gegeben, einfach um den Lehrer zu erfreuen und irgendetwas zu sagen. Die Kinder tun so „als ob" sie den Lerninhalt verstanden hätten und täuschen damit sich selbst und ihre Lehrer.

Damit Grammatik begreifbar wird, lasse ich Sätze plastisch gestalten. Dadurch wird die Ordnung in der Sprache taktil und visuell erfahrbar. Es entsteht sozusagen ein Satz zum Anfassen. Die Kinder können Satzzusammenhänge selbst durch das Hinzufügen einzelner Satzteile entdecken. Welches sind die Schritte, die einen so gestalteten Satz entstehen lassen?

- Als Erstes bitte ich die Schüler, sich Sätze zu überlegen, und gebe selbst ein Beispiel: „Susanne schenkt ihrer Freundin einen Ring." Dann formulieren die Kinder Sätze, die wir an der Tafel sammeln. Wir besprechen, welche Sätze sich gut darstellen lassen. Dabei ist es wichtig, dass die Sätze sowohl ein Dativ- als auch ein Akkusativ-Objekt vorweisen.
- Nun geht es an die plastische Gestaltung eines Satzes. Dabei dürfen sich die Kinder den Satz selbst auswählen.
- Erst jetzt beginnen wir die Sätze nach Subjekt, Objekt und Prädikat abzufragen. Auf die Frage „wer" oder „was" wird das Subjekt in die Hand genommen. Der Satzgegenstand, hier „die Robbe" ist eindeutig, greifbar und wird auf diese Weise begreifbar. Ebenso kann nach dem Dativ-Objekt gefragt und es dem Satzmodell hinzugefügt werden. Genauso ist auch das Akkusativ-Objekt berührbar.

Eine Leseübung in drei Schritten

Wesentlich mehr als das Rechtschreiben, das schließlich auch von Rechtschreibprogrammen und Sprechcomputern übernommen werden kann, ist die Fähigkeit zum Lesen existenziell und entscheidet darüber, wo einer im Leben stehen wird. Ich möchte daher im Folgenden eine weitere Möglichkeit zum Worterfassen und zum Lesen vorstellen.

Lesen ist eine zentrale Voraussetzung für Erfolg im Leben.

Allgemein wird in den Schulen das zusammenschleifende Lesen von der ersten Klasse an geübt. Gute Erfahrung habe ich mit einer Leseübung in drei Schritten gemacht, die ich in einem Trainingsprogramm von R. Davis kennen gelernt habe. In den beiden ersten Schritten wird die Links-Rechts-Bewegung der Augen geübt und gestärkt, im dritten Schritt geht es um das Textverständnis und Kindern wird geholfen, ihre Vorstellungen in Worte zu fassen. Dieser letzte Schritt ist auch als Vorübung für das Aufsatzschreiben hilfreich.

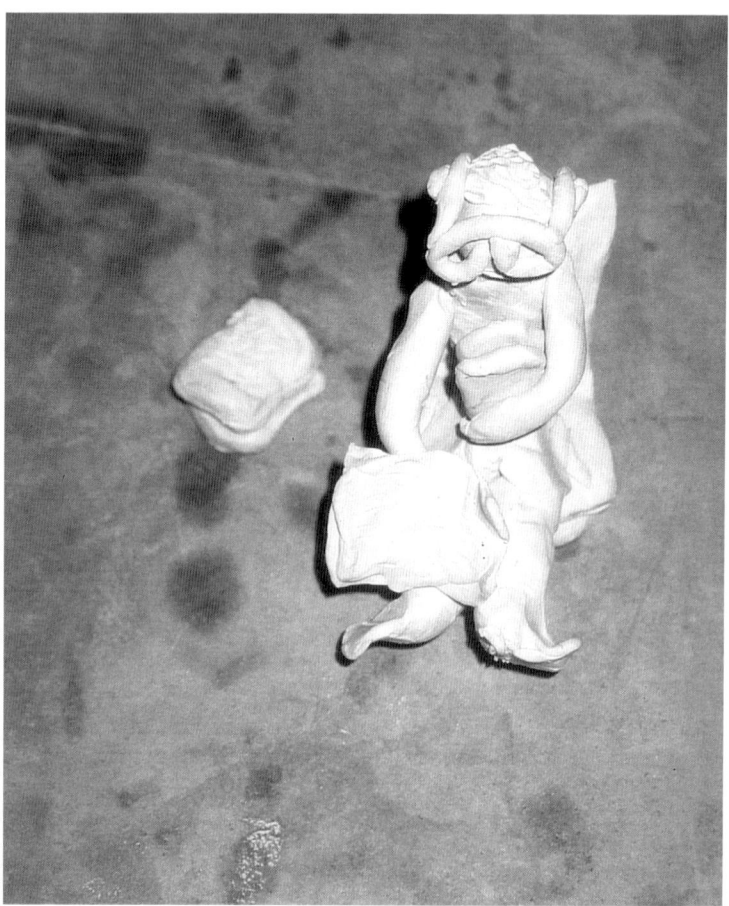

1. Schritt:

Wir lernen zu Beginn der Sequenz in ihren beiden ersten Schritten die einzelnen Buchstaben eines Wortes deutlich wahrnehmen, um sie dann als Buchstabengruppe, als Wort, zu erkennen.

Zu Beginn sage ich dem Kind: „Schick all deinen Stress mit einem tiefen Seufzer weg und lass dir beim Lesen Zeit!" Manche Kinder bitte ich auch, sich vorzustellen, sie hätten die Hände auf den Schultern liegen und fühlten sich ganz in ihrer Mitte und sicher – so wie wir das in der Zentrierungsübung beschrieben haben (siehe S. 91 f.).

Ich decke nun den Text mit zwei weißen Kartons ab: Der eine Karton deckt den gesamten Text unter der zu lesenden Zeile ab, der andere deckt ganz speziell noch einmal die bestimmte Zeile ab. Wenn man den zweiten Karton nach rechts bewegt, wird immer nur ein Buchstabe des Wortes sichtbar. Wenn die Zeile z. B. mit dem Wort „als" beginnt, so ist zuerst nur „a" aufgedeckt, das Kind liest „a", ich decke dann „l" und schließlich „s" auf. Zum Schluss spricht das Kind das Wort als Ganzes aus:

a-el-es ... als.

Bei schwierigen, sehr langen Worten spreche ich nach dem Buchstabiervorgang das Wort vor, sodass das Wort erst einmal phonetisch richtig gehört wird, und das Kind spricht nach. In dieser verzögerten Art und Weise werden ungefähr ein bis zwei Zeilen geübt.

2. Schritt:

Auch beim zweiten Schritt bleibt der Text zugedeckt. Nun wird jeweils ein Wort nach dem anderen vollständig aufgedeckt und gelesen. Das Buchstabieren entfällt jetzt.

3. Schritt:

Im letzten Schritt lasse ich Sinnabschnitte eines langen Satzes oder einen kurzen Satz vorlesen und bitte dann das Kind, mir möglichst genau zu beschreiben, wie sein Bild für das Gelesene aussieht. Inhalte, die nicht im Bild ausgedrückt werden können, lasse ich mir in ihrer Bedeutung erklären. Auf diese Weise werden immer wieder Worte gefunden, die unbekannt sind und so den Inhalt des Textes verzerren oder erst gar nicht verstehen lassen.

Diese unklaren Worte und Begriffe können dann geklärt werden und manchmal kann ein Bild gemalt werden, das den Inhalt des Wortes oder Sinnabschnittes verdeutlicht.

Hier wird der Zusammenhang mit dem Aufsatz als eigener Textproduktion deutlich.

Praktische Hilfen

Kneten macht allen Kindern große Freude und schult ihre Geschicklichkeit und ihre Begriffsbildung.

Der Umgang mit plastischem Material

Zum Plastizieren eignet sich sehr gut das Knetmaterial der Firma Karl Waible KG, Postfach 1648, 73606 Schorndorf.

Diese Knetmasse hat den Vorteil, dass sie selbst nach langem unabgedecktem Stehen nicht hart wird und ihre Elastizität nicht verliert. Modelle können wieder zusammengeknetet und die Masse neu verwendet werden. Es ist günstig, die Knete in einer Blechkiste oder einem Korb mit einer Plastikplane zugedeckt aufzubewahren. Am besten wird weiße Knete verwendet, verschiedenfarbige Knete würde sich schnell miteinander vermischen; außerdem vermindern Farben die Einprägsamkeit der klaren Formen.

Anleitung zum Kneten:

- Verwenden Sie als Unterlage beim Kneten die kartonierte Seite eines Zeichenblocks oder ein Schneidbrett. Diese Kartons können wiederholt benutzt werden.
- Knetreste auf Bänken, Tischen und am Boden lassen sich problemlos mit dem Papier von Küchenrollen entfernen. Nach dem Kneten sollte man sich damit auch die Hände abreiben und sie erst danach waschen.
- Als Werkzeuge eignen sich neben einem abgerundeten Küchenmesser auch Modellierhölzchen.

Bälle

Gut geeignet und von Kindern wegen ihres weichen und farbenfrohen Materials sehr geschätzt sind Koosh-Bälle mit einem Durchmesser von 10 cm. Sie sind zu beziehen z. B. bei Riedel GmbH, Unter den Linden 15, D-72762 Reutlingen, Tel. 07121/31 08 65.

Seminare

Zum Thema Legasthenie halten wir auch Seminare für Eltern und Lehrer:

Godela Berendes, Barbarastraße 24, 80797 München
E-Mail: godela.berendes@gmx.de
Dr. Christine Kaniak-Urban, Frans-Hals-Straße 17, 81479 München
E-Mail: kaniak-urban@t-online.de

Anhang
Literaturverzeichnis

Kapitel 1

(1) Hartge, T.: Sprachalarm im Kindergarten. Psychologie Heute, Mai 1996

(2) Graichen, J.: Störungen der Integration. In: Remschmidt, H. / Schmidt, M. (Hg.): Neuropsychologie des Kindesalters. Stuttgart, 1981

(3) Brand, I. et al.: Integrations-Störungen. Würzburg, 6. Auflage 1997

(4) Oerter, R. / Montada, L. (Hg.): Entwicklungspsychologie. Beltz Psychologie VerlagsUnion, 4. Auflage 1998

(5) Frostig, M.: Bewegungserziehung. Reinhardt, 1999

(6) Goddard, S.: Greifen und BeGreifen. Wie Lern- und Verhaltensstörungen mit frühkindlichen Reflexen zusammenhängen. VAK, 1998

(7) Beratungs- und Informationsstelle für Linkshänder. Sendlingerstraße 17, 80331 München, Tel. 089/268614

(8) Betz, D. / Breuninger, H.: Teufelskreis Lernstörungen. Beltz Psychologie VerlagsUnion, 5. Auflage 1998

(9) Frostig, M. / Horne, D.: Visuelle Wahrnehmungsförderung. Göttingen, 2. Auflage 2000

(10) Warnke, A.: Umschriebene Lese-Rechtschreibstörung. In: Petermann, F. (Hg.): Lehrbuch der Klinischen Kinderpsychologie. Hogrefe, 1995

Kapitel 2

(11) Klicpera, C. / Gasteiger-Klicpera, B.: Psychologie der Lese- und Schreibschwierigkeiten. Beltz Psychologie VerlagsUnion, 1995

(12) Hamburger Schreibprobe. Verlag für pädagogische Medien, Unnastraße 19, 20253 Hamburg

Kapitel 3

(13) Davis, R.: Legasthenie als Talentsignal. Ariston, 1994

(14) Politics and the English Language, zitiert nach: Edwards, B.: Garantiert zeichnen lernen. Rowohlt, 1998

(15) Interview mit Samy Molcho: „Bei mir ist alles o'kay". Hamburger Abendblatt, 4. 9. 1997

(16) Grandin, T.: Ich bin die Anthropologin auf dem Mars. Droemer, 1997

(17) Interview „Kreativität erkennt man nicht auf den ersten Blick". Süddeutsche Zeitung, Magazin, 1999

(18) Vester, F.: Denken, Lernen, Vergessen. dtv, 1993

Kapitel 4

(19) Betz, D. / Breuninger, H: Teufelskreis Lernstörungen. Beltz Psychologie VerlagsUnion, 1998

Kapitel 5

(20) Ayres, J.: Bausteine der kindlichen Entwicklung. Springer, 3. Auflage 1998

(21) L. Rico, G.: Garantiert schreiben lernen. Rowohlt, 1998

Diese Bücher helfen Ihrem Kind!

Rita Schwark, Ute Laue
Legasthenie
Ein 15-Minuten-Programm für jeden Tag
128 Seiten – 12 Fotos und zahlreiche Abb.
ISBN 3-332-01253-3

Margret Schwarz
Rechenschwäche
Wie Eltern helfen können
3. Auflage
128 Seiten – 12 Fotos und zahlreiche Abb.
ISBN 3-332-01239-8

Birgit Fuchs
So fördere ich mein Kind
Spiele gegen Rechenschwäche
128 Seiten – 33 s/w-Abbldungen
ISBN 3-332-01307-6

Hier erfahren Eltern, wie sie ihrem Kind helfen und seine Schwächen
angehen können – gezielt, individuell, fröhlich und erfolgreich.

Cordula Neuhaus im Urania Verlag

Die erfolgreichsten Bücher zum Thema:
über 200.000-mal verkauft

Cordula Neuhaus
Das hyperaktive Kind und seine Probleme
12. Auflage
240 Seiten – 20 Fotos
ISBN 3-332-00872-2

Cordula Neuhaus
Hyperaktive Jugendliche und ihre Probleme
Erwachsen werden mit ADS
Was Eltern tun können
3. Auflage
288 Seiten – 25 Fotos
ISBN 3-332-01088-3

Dr. Jo-Jacqueline Eckardt
Das ADS-Elterntraining
Ein 28-Tage-Programm
Mit einem Vorwort von Cordula Neuhaus
128 Seiten – 20 Fotos
ISBN 3-332-01382-3

Hinter allen Erläuterungen und praktischen Vorschlägen steckt die tiefe Zuneigung der Autorin zum hyperaktiven Kind, das überall aneckt und doch viele liebenswerte Seiten hat.

Für Eltern, die mehr tun wollen

Gislind Binder, Prof. Dr. med. Richard Michaelis
Lernstörungen
Früh erkennen, gezielt angehen, erfolgreich
ausgleichen
2. Auflage
128 Seiten – 20 Fotos
ISBN 3-332-01309-2

Dr. med. Christel Kannegießer-Leitner
Das ADS-Schnellprogramm für zu Hause
Erfolg mit der Psychomotorischen Ganzheitstherapie
128 Seiten – 50 Fotos
ISBN 3-332-01304-1

Dr. med. Michael Huss
Medikamente und ADS
Gezielt einsetzen – umfassend begleiten –
planvoll absetzen
128 Seiten – 20 Fotos
ISBN 3-332-01347-5

Informierte Eltern können ihr Kind besser verstehen, gezielter helfen und wirkungsvoller Weichen für die Zukunft stellen.